跨界 ・ 成長 ・ 間／介

當代兒童文學
研究思潮

Border-crossings,
Coming-of-age,
and In-between:
Contemporary Trends in
Children's Literature Research

玫瑛
drea Mei-Ying Wu

佳艷
rol Chia-Yen Ku

扁

目次 Contents

序 言 Preface

孫克強（Jonathan Klassen）、戴絲美（Mieke Desmet）*
吳玫瑛　譯

　　柏艾格（Steve Bradbury）和劉鳳芯兩人於2003年在《角書》（*The Horn Book Magazine*）雜誌上共同發表〈到處是童書：台灣觀點〉（"Everywhere a Children's Book: The View from Taiwan"），這篇文章描述了彼時兒童文學在台灣的流行盛況。兩人具體指出，台灣的學校和圖書館對本地兒童文學市場來說雖然作用不大（這有別於北美景況），然而坊間童書的銷售——尤其幼童書，卻相當興盛。出版社經常得摩拳擦掌以爭取國外童書的翻譯機會和出版權；同時也有出版社舉辦文學獎競賽，以鼓勵並發掘國內創作好手。台灣兒童文學創作者如今已有多人獲得國際獎項，並且與國外出版社合作出版。兩人還提到，自從1997年教育部將英語列為國小學童的必修課程，英語童書瞬間也成為父母眼中的教育投資。

---

* 孫克強（Jonathan Klassen）為東吳大學英文系副教授，曾任台灣兒童文學研究學會第一任理事長；戴絲美（Mieke Desmet）為東海大學外國語文學系副教授，曾任台灣兒童文學研究學會第二任理事長。

　　柏艾格和劉鳳芯兩人也關注兒童文學的研究，指出當時台灣許多大學開設兒童文學課程已成常態，而設立於國立臺東大學的兒童文學研究所則是完全以兒童文學的教學與研究為主，並且主要以中文進行教學。這篇文章於2003年發表後，台灣兒童文學仍持續穩定發展，儘管出版社近年來面臨數位時代的衝擊下遭遇不少挑戰。此外，有越來越多的研討會和論壇在台灣舉辦，這也顯示出一般民眾及學者專家對於兒童文學文本的探研感到興趣。同時，在兒童文學界也出現各式各樣的獨立組織和社團，以及因特殊興趣組合的團體。這些團體組織所處理或關注的，大多符應台灣本地兒童文學的需求，例如寫作、繪畫與出版，而有些則著重童書的教學運用。如此看來似乎還留有空間，可以成立一個組織，專注於兒童文學的學術研究，並由此搭建起一座連接台灣與世界的橋樑。

　　這個未曾預料的需求，透過幾個非常獨特的方式一一顯現，也一再鋪路，終而催生了台灣兒童文學研究學會（Taiwan Children's Literature Research Association，簡稱TCLRA）。在2009及2010年，時任東海大學外文系系主任的戴絲美（Mieke Desmet）教授舉辦了小規模、主題明確且以英語進行的研討會，聚焦於兒童文學的學術研究和翻譯探討。大會除邀請國際學者進行專題演講，也促成一群台灣本地的學者參與會議並發表論文。這幾場研討會充分顯示台灣內部對於國際兒童文學研究的興趣和需要。與此同時，研討會的幾名參與者，包括古佳艷、楊麗中和劉鳳芯等人也向國科會和教育部申請計畫，每月定期舉辦讀書

會，鑽研兒童文學及相關理論。另外值得一提的是，2010年任教於加拿大溫尼伯大學（University of Winnipeg）英文系的萊莫（Mavis Reimer）教授，時任加拿大童年文化研究講座教授，以國科會短期專家學者身分訪台，在成功大學、中興大學、臺灣大學以及臺北市立大學進行系列演講，分別由吳玫瑛、劉鳳芯、古佳艷及楊麗中主持。這系列講座的主要參與者以及讀書會大部分的成員後來都成為台灣兒童文學研究學會的創始會員。

　　最值得一提的是，在2011年，以北美為中心的兒童文學學會（Children's Literature Association，簡稱ChLA）——此為大型國際兒童文學研究組織，選定台灣作為年度主題國家（focus country）。因台灣學者的熱烈參與，美國兒童文學學會打破往例，特別規劃了兩場——而非一場論文發表，兩場皆與台灣主題相關。六名參與論文發表的台灣學者共組團隊，並獲得國科會計畫補助。藉此機會，團隊也探詢美國兒童文學學會國際研討會在台灣舉辦的可能性。一群學者透過在東海大學的研討會、讀書會、系列講座活動以及在美國兒童文學學會國際研討會上所凝聚的共識，加上隨後一起籌辦在台灣舉行的大型國際研討會，這個時點似乎正好適合成立一個持久的並且致力於台灣和國際兒童文學學術研究的學會組織，以共同合作，展望未來。

　　台灣兒童文學研究學會籌備會議於2011年12月舉行，約莫一年後學會正式成立，並於2012年11月在東吳大學舉辦「國際兒童文學研討會：書中兒童」（2012 International Conference on Children's Literature: The Child in the Book）。這次會議共有來自

16個國家的學者與會，並包含三場主題演講，呈現出學會規劃關注的多樣議題。信誼基金會創辦人暨執行長張杏如女士，探討台灣兒童文學的發展，介紹並詳述信誼基金會為台灣兒童文學開疆闢地所做的努力，除了出版台灣原創圖畫書及翻譯外國童書，也設立兒童文學獎，以鼓勵並促進國內兒童文學的優質創作；此外，信誼基金會也曾辦理主題計畫（focused projects），為台灣的學前教育做出貢獻。日本吉田純子（Junko Yoshida）教授的演講則標示了本會對於區域內亞洲兒童文學的關注與興趣，其演講內容涉及美國混種（mixed-race）作家筆下的小說，以及小說中所呈現的多元文化建構下處於中介空間（in-between spaces）的兒童角色。曾任美國兒童文學學會（ChLA）主席，也是資深兒童文學學者崔爾茲（Roberta Seelinger Trites）的演講則聚焦於成人與兒童的權力關係；這場演講也象徵著台灣兒童文學研究學會與全球的連結，由此顯示本會致力於汲取國際兒童文學研究新知，同時也對國際兒童文學之學術內涵有所貢獻。

　　實際而言，台灣兒童文學研究學會的成立比預期的還要費時費力。在約莫一年的籌組、規劃、尋求協助，以及完成一大堆的紙本作業後，台灣兒童文學研究學會終於成立。學會一方面致力於推展國內以及國際兒童文學在台灣的教學和研究工作，尤其關注台灣兒童文學研究以及這類研究對外的傳布和影響，另一方面也著重世界其他區域的兒童文學在台灣的研究。台灣兒童文學研究學會是以文學研究為重，並非以兒童文學的生產或教育功能為導向，然而我們也明白，與其他專業面向有所交疊，有其必要。

　　從過往主辦的許多國際交流活動中，清楚可見台灣兒童文學研究學會的全球觸角。台灣兒童文學研究學會成立近九年以來，已舉辦了八場國際及國內研討會、五場春季講座、兩場學術工作坊及兩場論壇，其中還包含一場與國際兒童文學研究學會（International Research Society for Children's Literature，簡稱 IRSCL）理事會合作的學術會議。因研討會專題演講或其他講座受邀而來的學者，除了來自台灣本地，還含括另外10個國家。這些學術研討會中所發表的論文不少與亞洲的文學和脈絡相關，有些則涉及國際文學、比較文學和全球社群。思及歷年來已有許多來自不同國家的學者參與台灣兒童文學研究學會所舉辦的研討會，我們可以說，台灣兒童文學研究學會對於世界兒童文學研究的影響與日俱增。

　　本書各篇論文精選自學會歷年所邀請學者的精彩演講。這些論文呈現兒童文學的多樣議題和觀點，由此可看出兒童文學研究領域範疇的遼闊，以及台灣兒童文學研究學會特別關注和著重之處。這些論文所探討的議題包含教學、教育應用和翻譯等實務面向，另也涉及文本角色與讀者的年齡與性別再現、故事類型及插畫、圖像小說和電影中的視覺議題，以及空間和地理相關議題，由此建立對亞洲、國族、跨國和全球各類文學之認識。

　　作為台灣兒童文學研究學會的前會長，我們必須承認學會的事務工作並不容易，學會有今日的成就實得力於許多學者的付出——他們花上了比原本預期還要多的時間和精力，以及在許多人的協助及堅持之下才有如此美好成果。這些學者無論是出席開

會並在會議中一起腦力激盪，或是籌辦學會活動、審查台灣兒童
文學研究學會的資料，或者為台灣兒童文學研究學會所舉辦的研
討會審查論文摘要，以及最重要的──發表精彩的學術研究，皆
為學會做出許多貢獻。台灣的教授們皆有許多職責在身，而且也
有沉重的教學負擔，這些往往占用了許多時間。在沒什麼報酬下
願意全力支持一個特別的學術領域，這需要無私的態度以及誠摯
的熱忱。

　　尤其，學會第二任會長戴絲美教授在學會的重要性受到質疑
時，仍努力不懈持續維持學會的運作，值得我們深深道謝。儘管
她身兼其他許多重要職務，仍以過人的毅力帶領學會繼續向前，
而她對於一起共事者的照顧與肯定，尤其鼓舞人心。台灣兒童文
學研究學會目前是由吳玫瑛教授擔任第三任會長，令人興奮的
是，吳教授正帶領學會更向前邁進，這本專書即是她所推動的許
多要務之一，她對於國內環境及國際兒童文學潮流的嫻熟，加上
她的活力及個人魅力，讓我們對於未來有更多美好的期待。

　　最後，有許多學者不辭辛勞擔任台灣兒童文學研究學會的理
監事。賴維菁教授和古佳艷教授在學會創辦之初擔任常務理事。
第一任理監事委員還包括蔡敏玲教授、戴絲美教授、吳玫瑛教
授、劉鳳芯教授、楊麗中教授、宋珮女士、蔡欣純教授、許綺玲
教授和李金蓮女士，大家都為台灣兒童文學研究學會的成立貢獻
許多時間和專業知識。沒有她們義務性的努力與付出，這個學會
根本不可能成立。不少首任委員繼續留任第二屆理監事，另外也
有新成員義務加入。第二屆理監事委員包括會長戴絲美教授，以

及孫克強教授、李潔嵐教授、陳聿寬教授、古佳艷教授、吳玫瑛教授、蘇一菁教授、游鎮維教授、黃如瑩教授、賴維菁教授、李麗鳳教授及李幸瑾教授。在第二屆理監事任期，委員們一方面重新評估台灣兒童文學研究學會過往的努力，另方面也進一步擘畫未來。現在台灣兒童文學研究學會已堂堂邁入第三屆，理監事成員展現活力，學會顯得更加茁壯，理監事委員包括會長吳玫瑛教授，以及黃惠玲教授、李潔嵐教授、劉鳳芯教授、古佳艷教授、陳聿寬教授、戴絲美教授、游鎮維教授、黃如瑩教授、孫克強教授、李麗鳳教授和蘇一菁教授。透過大家多年的努力、擘劃願景和貢獻專業，學會如今已開花結果，這當中包括了許多世界知名兒童文學學者對台灣本地兒童文學研究領域所做的貢獻，這本書即為明證！

我們誠摯地希望，這些貢獻心力於本會的國際學者會感到自豪，知道他們的努力促成了這本重要專書的出版。

2020年9月

Preface

Jonathan Klassen and Mieke Desmet

In 2003 Steve Bradbury and Fiona Feng-Hsin Liu described the burgeoning and idiosyncratic children's literature environment in Taiwan with their article entitled, "Everywhere a Children's Book: The View from Taiwan" published in *The Horn Book Magazine*. They pointed out, for example, that although schools and libraries have little bearing on the local children's literature market (in contrast to the situation in North America), the trade in children's books, especially for younger children, has been booming. Publishers were competing for the rights to translate and publish foreign books and at the same time holding contests to encourage and promote local talent. In a few instances, local writers and artists had published with foreign presses and won significant international awards. A further area of growth Bradbury and Liu addressed, were English language children's books now seen as an educational investment by parents since, in 1997, the Ministry of Education made English a mandatory part of the lower-school curriculum.

In regards to the study of children's literature, Bradbury and

Liu pointed out that children's literature courses had become routine at many universities, and a graduate program in Taitung, taught in Chinese, exclusively focused on children's literature. Since the publication of this article in 2003, the development of local children's literature has continued to grow despite the challenges facing publishers in the current electronic age. A growing number of conferences and symposiums in Taiwan also demonstrate an interest in the scrutiny and careful understanding of texts for children. A wide variety of independent organizations, societies, and special interest groups have sprung up in the field of children's literature. Many of these appropriately deal primarily with the writing, illustrating, and production of local literature, while others look toward the didactic uses of children's texts. There seemed yet to be a space for an organization that would focus on scholarship of children's texts as literature and operate as a bridge between Taiwan and the world.

This unmet need showed itself in a few very specific ways that paved the way for the birth of the Taiwan Children's Literature Research Association (TCLRA). In 2009 and 2010, Prof. Mieke Desmet, then chair of The Department of Foreign Languages and Literature at Tunghai University, organized small, focused, English language conferences on the academic study and translation of children's literature. With international keynote speakers and a small body of resident scholar presenters, these conferences demonstrated local interest in international children's literature studies within Taiwan. At the same time, several of the participants of this conference, including Carol Chia-Yen Ku, Lichung Yang, Fiona Feng-Hsin Liu and others were meeting together monthly for a reading group focused on the study of children's literature and related theory. In addition, in 2010, Mavis Reimer, Professor of English at University of Winnipeg and then Canada Research Chair in the Culture of Childhood, was invited by Andrea Mei-Ying Wu to deliver a series of lectures, under the auspices of the National Science Council (NSC, now the Ministry of Science and Technology), in four universities in Taiwan, including National Taiwan University, National Cheng Kung University, National Chung Hsing University, and University of Taipei. Those lectures were hosted by the above-mentioned key members of the reading group and most of them later became key founders of the TCLRA.

Finally, in 2011 the international Children's Literature Association (ChLA), centered in North America, chose Taiwan as their focus country. There was a high level of interest from local researchers leading to two panels of presentations from Taiwan in contrast to the normal and expected single panel. Six scholars from Taiwan submitted a group proposal to the NSC and in response to that proposal, this group was encouraged to investigate the possibility of holding a ChLA conference in Taiwan.

With the unity of scholars developed through the Tunghai conferences, reading group, and ChLA conference united with the catalyst of a planned large-scale international children's literature conference in Taiwan, it seemed an appropriate time to organize a lasting community dedicated to local and international scholarship of children's literature to stimulate and coordinate future work. The first meetings discussing the establishment of the TCLRA were held in December of 2011. The TCLRA was founded nearly one year later during the "2012 International Conference on Children's Literature: The Child in the Book" held at Soochow University in November, 2012. The conference drew presenters from 16 countries and included three keynote addresses representing various areas of the TCLRA's planned focus. Hsin Yi Foundation founder and CEO Sing-ju Chang dealt with Taiwanese children's literature. She introduced and explained Hsin Yi's groundbreaking efforts with publishing original and translated children's books, creating local children's literature awards to promote quality local work, and contributions to improving early literacy through focused projects. Dr. Junko Yoshida came from Japan in recognition of our regional interest in Asian children's literature. She spoke about multicultural constructed child characters inhabiting in-between spaces in fiction by mixed race American authors. Finally, Dr. Roberta Trites, a former president of the ChLA and senior children's literature scholar spoke about power relationships between adults and youths and represented TCLRA's global ties and our dedication to both learn from and contribute to international children's literature scholarship.

As it turned out, the establishment of the TCLRA took considerably more time and effort than first envisioned. After nearly one year of organizing, planning, drumming up support, and completing mountains of paperwork, the TCLRA was established with a commitment to the scholarship and teaching of Taiwanese and international children's literature in Taiwan. This includes research about Taiwanese children's literature and the dissemination of this research as well as the study within Taiwan of children's literature from other areas of the world. As a scholarly research organization with a literary emphasis, the TCLRA is not focused on the production or educational uses of children's literature, although we do recognize the necessity of cooperating with these overlapping disciplines.

The global reach of the TCLRA is demonstrated in the many international exchanges it has hosted. In the nearly nine years since its founding, the TCLRA has sponsored eight national and international conferences, five spring lectures, two workshops and two symposiums, including a conference collaborated with the board members of the International Research Society for Children's Literature (IRSCL) in 2013. Keynote and invited speakers have come from Taiwan and ten other countries. Much of the presented scholarship draws on Asian literature and contexts while other presentations involve international literature, comparative literature, and the global community. When considering those who have come from other countries to present papers at TCLRA conferences, the impact the TCLRA has had on world-wide children's literature studies is even greater.

The papers in this volume are selected from these invited speeches and keynote addresses. They engage a wide variety of issues and perspectives in children's literature giving evidence to the wide scope of the field in general and the efforts of the TCLRA in particular. Issues the papers address include practical concerns such as teaching, pedagogy, and translation; matters of age and gender of represented characters and readers; story format and visual issues including illustration, graphic novels and film; and issues of space and geography, developing understanding of Asian, national, transnational, and global literatures.

As former presidents of the TCLRA, it is important for us to recognize that the work of the TCLRA has not been easy, and the good work it has accomplished is only possible because of the assistance and persistence of many dedicated scholars who have in many cases given much more of their time than they initially expected. They have contributed by attending and brainstorming in meetings, organizing and facilitating events, reviewing TCLRA materials and conference proposals, and most importantly by contributing their brilliant scholarship. Professors in Taiwan have many duties and a high teaching load with many demands on their time. It takes a selfless attitude and sincere dedication to one's field to give so much support with so little financial recompense.

In particular, the second president of the TCLRA, Prof. Mieke Desmet deserves huge thanks for keeping the association alive at a time when its significance was being questioned. She took the reins when no one else was able despite having to deal with a huge number of other duties. Her care for and acknowledgement of those who served with her has been especially encouraging. The TCLRA is now on its third president and it is exciting to see how Prof. Andrea Mei-Ying Wu is further developing the TCLRA. This volume is among the many good things she is making happen. Her understanding of both the local environment and international trends in children's literature coupled with her vitality and charm mean we can expect many more good things to come.

Finally, there are many board members who have sacrificially given to the TCLRA. Prof. Wei-ching Lai and Carol Chia-Yen Ku were instrumental in the early stages of the TCLRA as members of the initial daily affairs committee. The other members of the first executive and review committees, Min-ling Tsai, Mieke Desmet, Andrea Mei-Ying Wu, Fiona Feng-Hsin Liu, Lichung Yang, Pei Sung, Jamie Tsai, Qi-ling Hsu, and Jin-lian Li all contributed much time and expertise to the establishment of the TCLRA. Without their voluntary efforts, this organization would never have been started. In the second term, several of the first term committee members continued to serve while new members volunteered. The second term committee members included Mieke Desmet (president), Jonathan Klassen, Winnie Chieh-Lan Li, Bess Yu-Kuan Chen, Carol Chia-Yen Ku, Andrea Mei-Ying Wu, Yi-Ching Su, Chen-Wei Yu, Vinia Huang, Wei-ching Lai, Li-Feng Lee, and Sophia Lee. During their time, the TCLRA reevaluated its efforts and began looking farther into the future. Now, in its third term the TCLRA is looking stronger than ever with revitalized executive and review committees that include Andrea Mei-Ying Wu (president), Jessie Hui-Ling Huang, Winnie Chieh-Lan Li, Fiona Feng-Hsin Liu, Carol Chia-Yen Ku, Bess Yu-Kuan Chen, Mieke Desmet, Chen-Wei Yu, Vinia Huang, Jonathan Klassen, Li-Feng Lee, and Yi-Ching Su. The years of diligent labor, vision, and expertise have yielded many worthy results including the contributions of many of the world's eminent children's literature scholars to the field of children's literature studies in Taiwan, to which this volume attests.

It is our hope that all instrumental contributors to the TCLRA will feel a touch of pride knowing that their efforts have facilitated this significant collection of essays.

September, 2020

導 論 Introduction

「跨界・成長・間／介」與
當代兒童文學研究

吳玫瑛

　　兒童文學向來予人溫馨、純潔而浪漫的印象，兒童是「自然」的產物，是未受社會汙染的一群，是「純真」的代表，也是社會改造的希望。相關的論點大多沿襲歐洲理性主義及浪漫主義時代以降，對兒童及童年的假想，例如洛克和盧梭等人的學說。這類思維，在台灣的兒童文學寫作及教育相關學科，尤其是語言教育及兒童教育等相關領域，也廣為流傳與運用。

　　然而，自1980年代起，兒童文學研究在歐美人文領域出現變革，關乎兒童及童年文化的新興議題紛紛湧現。這股人文研究新風潮的開拓，尤以英語語系（Anglophone）學者最具代表，例如英國學者彼德・哈林戴爾（Peter Hollindale）和彼德・杭特（Peter Hunt）、加拿大學者裴瑞・諾德曼（Perry Nodelman）、澳洲學者約翰・史蒂文斯（John Stephens），以及美國學者傑克・翟普斯（Jack Zipes）等。這些人文學者分別在各自和國際的學術場域，開展對兒童文學的探研，或檢視童書中的意識形

態，或倡議援引女性主義（feminism）批判路徑以發展兒童主義批評論述（childist criticism），或主張聚焦兒童主體以探勘兒童性（childness），或以童年社會化（socialization of childhood）為議題來探查童書的教化作用。[1]一時之間，兒童文學研究異軍突起，成為人文社會學科的新興顯學。

這股兒童文學研究熱潮的興起及其後的多方綿延與跨學科連結，影響所及，使得「兒童」這類牽涉到主體、身分及文化認同的議題，繼性別、階級、種族、族裔之後，成為歐美人文學術領域的新興研究課題。傑克‧翟普斯曾於1990年發表〈政治考量：1980年代英美兒童文學的新式理論與批評〉（"Taking Political Stock: New Theoretical and Critical Approaches to Anglo-American Children's Literature in the 1980s"），這篇文章即以二戰後英美兒童文學研究場域的發展變化為觀察核心，清楚指出1980年代為歐美兒童文學研究「政治轉向」的分水嶺。

英國精神分析及女性主義學者賈桂琳‧羅絲（Jacqueline Rose）於1983年出版《彼得潘個案，或論兒童小說的不可能》（*The Case of Peter Pan, or The Impossibility of Children's Fiction*）這

---

[1] 各家代表著作有：Peter Hollindale, *Ideology and Children's Book* (Stroud, Glos, UK: Thimble, 1988); Peter Hunt, *Criticism, Theory and Children's Literature* (Oxford, UK: Basil Blackwell, 1991); Perry Nodelman, *The Pleasures of Children's Literature* (New York: Longman, 1992) and *The Hidden Adults: Defining Children's Literature* (Baltimore: The John Hopkins UP, 2008); John Stephens, *Language and Ideology in Children's Fiction* (1992); Jack Zipes, *Fairy Tales and the Art of Subversion: The Classical Genre for Children and the Process of Civilization* (New York: Methuen, 1983).

部頗具爭議的專書，此書後來也曾在歐美兒童文學學界接連不斷引發討論，這點我已在別處談及，此不贅述。[2]然而值得說明的是，《彼得潘個案》這本專書的出版及後續引發的熱議，一方面見證了二十世紀八〇年代之際，「兒童」繼女性與少數族裔之後，已浮出檯面成為人文學術領域的關注焦點；另方面，這部學術專著援引精神分析理論探討兒童小說與成人慾望的（曖昧）相關，對當代兒童文學研究而言，也可謂立下（新）標竿，將過往「兒童文學」中的「兒童」自實際兒童的框架中抽離出來（例如，有別於教育體系的兒童研究），轉而以抽象的理論思考，進行文學文本之中（及其外）「兒童」形構問題的思辨。此舉除大大推升、翻轉兒童文學研究視野，也直接或間接形成上世紀八〇年代英國及其他英語語系兒童文學研究的變革，使兒童文學的相關研究在歐美人文學術領域漸次占有一席之地。

　　時序推進至二十一世紀，肯尼斯・紀德（Kenneth Kidd）於2020年出版《給新手的理論：兒童文學作為批判思維》（*Theory for Beginners: Children's Literature as Critical Thought*）則是以「哲學」（philosophy）和「理論」（theory）作為觀察重點，提出當代兒童文學研究的另一風向，或謂再次轉向。政治議題在上世紀八〇年代因歐美國家各式社會運動（如女性、少數族裔等人權運

---

[2] 相關討論參見吳玫瑛，《主體、性別、地方論述與（後）現代童年想像：戰後台灣少年小說專論》（台南：成大出版社，2017），頁105-115；亦可參見本書終章〈兒童文學教學的分裂思維〉中「兒童文學」一節的部分探討。

動）的推波助瀾下，不免也成為兒童文學研究的主要思潮與學術浪潮。紀德立足於二十一世紀的當下，回頭檢視二十世紀以來全球化脈動下兒童文學的發展，提出另一重要觀察，將兒童文學的關注焦點重新拉回兒童自身，但其所強調的是兒童文學的批判精神與哲學實踐。就紀德的觀察，兒童文學與「理論」和「哲學」的相關，或者說三者可並置探討，最顯著而有趣的例子，可以從上世紀七Ｏ年代在美國生成的兒童教育思潮「給兒童的哲學」（philosophy for children，簡稱P4C）作為代表。這個運動主張兒童具有批判思維，別具創造力與想像力，是天生的「哲學家」與「理論家」；兒童文學並非僅是簡化的兒童適讀／識讀教材，而是富含或潛藏著具挑戰性和批判性的創意思考。紀德也指出，P4C運動的推廣在美國聯邦政府直至1990年代為止的經費挹注與鼓勵下，如今已在全球其他許多地區和國家開枝散葉，其在異地生根廣布的現象儼然已形成跨國、跨域及跨語際的全球性議題，兒童文學在此中扮演的角色，至關重要。

　　兒童文學可視為批評理論的原生地或起點——因為，兒童文學早已承載、揭示、含藏、反詰批評理論及哲學思想的諸多觀點，這點除了可從紀德於2020年出版的專書中得到印證，也可從本書所集結的學術論著中獲得啟發。綜觀當代兒童文學研究思潮，「跨界」（border-crossings）、「成長」（coming-of-age）和「間／介」（in-between）可謂涵括其中的基本議題及熱門／新興話題。本書所收錄的十篇論文，乃是台灣兒童文學研究學會（Taiwan Children's Literature Research Association，簡稱

TCLRA）自2012年創會以來，在歷任會長及理監事共同的努力及籌畫下，藉由舉辦國際研討會以及辦理講座和工作坊，密集邀請國際兒童文學頂尖學者來台發表專題演講，一路積累而成。難得的是，這些論文皆已獲得國際學者授權翻譯，而其中多篇譯稿是出自國內翻譯好手古佳艷教授的精彩譯筆。這些論文一方面記錄了台灣兒童文學研究學會自創會以來將近十年間所關切的國際兒童文學研究面向，另方面這些來自澳洲、馬來西亞、比利時、英國、美國、德國等國際學者的演講，也具體而微呈顯二十一世紀初期國際兒童文學研究的走向與重要研究課題。

　　「跨界」（border-crossings）議題在二十一世紀全球化時代下，益顯重要。舉凡人口移動、物種交換、文化流通、訊息傳播等，在當今科技昌盛（猖獗）的洪流中，已愈益頻繁、迅速、令人應接不暇。可以想見，文化的混合雜揉、空間的多元變貌、地方的流動再生以及「家」的拆解重構，每每成為文學文本形構兒童主體經驗和探討其身分認同（疑難）的焦點。換句話說，兒童主角的主體意識與情感經驗已無法侷限、定調於單一認同，而須頻頻折衝、周旋、出入於多重（虛擬）時空、地理、社會、文化、環境，（自主或被迫）跨越國族藩籬、語言限制或任何形式的約制，轉而迎向、認可，或協商、游移（猶疑）於各式身分和文化認同；由此，「跨界」、「跨國」（transnationalism）、「跨文化」（transculturality）等漸次成為童書探索的重心。另一方面，科技的日新月異，經常也成為兒童文學的探究核心，相關的「年齡」論述，例如童書中所呈現的年齡倒轉、童年與老年

的連結／跨越等，也成為現當代兒童文學「跨界」研究的重要課題。

　　凱莉‧邁藍（Kerry Mallan）〈變動中的童年地理學：兒童文學中的地方、空間與情感〉以在澳洲及英美出版的兒童圖畫書為例，指出兒童文學作家和插畫家經常藉由特意營造書中人物與生活環境之間的情感牽繫，再現童年；而讀者透過圖畫書所呈現的特殊地理視角，得以局部洞悉兒童的日常生活，無論此日常活動空間是真實的或想像的。換句話說，童書常藉由空間定向（spatial orientation）促成讀者與故事角色之間的情感連結。這篇論文採擷童年地理學觀點，並結合情感研究，探索童書作品中所呈現的一般指為客觀論述的「地理觀點」與涉及主觀認知的「情感觀點」，兩者間的差異與連結；並以「歸屬感」、「真實、非真實空間以及酷異時間」及「恐懼地理學」等論題，探研童書作品中關涉地方、空間與兒童情感的種種論述，以此申論兒童文學如何藉由地方、空間與情感，展現童年的變動地理學。

　　相較於邁藍將研究焦點環繞於「家、地方和空間」，探討地理空間與個人情感聯繫的緊密分合，柯萊兒‧布拉佛（Clare Bradford）〈跨越與徘迴：視覺文學中的跨國童年〉則採取「跨國」（transnational）視角，在其文章中開展身分認同（疑難）的探問，以澳洲與美國亞裔作家的圖像小說作品為研究文本，探討其中「亞洲」兒童的再現問題。「烏比的落水狗」（Ubby's Underdogs）是澳洲原住民圖像文學作家布瑞頓‧麥肯納（Brenton E. McKenna）所寫的三部曲，故事以1940年代澳洲

西部盛行珍珠養殖的小鎮布魯姆（Broome）為背景，敘述當地華裔與澳洲主人翁的成長；楊謹倫（Gene Luen Yang）《美生中國人》（*American Born Chinese*）則串聯三個生活在美國的華裔年輕人的身分認同建構經驗。該文強調，文學及文化研究中的「跨國轉向」（transnational turn）焦點往往在於檢視文本（不管是成人文學或兒童文學作品）如何與多重文化和多元傳統接軌，由此凸顯單一身分認同觀點的誤謬及不穩定性；例如，「亞洲」這個詞彙常常被誤用於指稱單一的認同觀點。這篇文章藉由觀察澳洲與美國圖像文學裡的「亞洲」主角如何在亞洲以外的環境當中追尋自我，探討圖像小說文本如何處理歷史與現代脈絡下的文化藩籬與國族疆界等議題，進而塑造故事主角的跨國身分認同。

同樣以「跨國」概念為主軸，莎曼妮・派翠西亞・加百列（Sharmani Patricia Gabriel）〈全球化時代的亞洲兒童文學：在地、國族與跨國軌跡〉一文則是從「亞洲」視角出發。她一方面樂觀指出身處亞洲及在亞洲以外世界各地從事亞洲文學研究的學者，對於亞洲兒童文學的關注與研究興趣與日俱增，致使亞洲兒童文學如今已成為一個全球性的文學學術探研領域；另一方面，她也直言，亞洲兒童文學在全球的普及性和重要性相較於歐美兒童文學而言，仍是明顯不足。如同布拉佛所論，加百列也申明「亞洲」並非單一樣貌，也非一個整體，而是由多樣中心和許多邊緣組成的空間，由此強調研究「亞洲兒童文學」須具有「跨國」思維。她視「跨國」為一概念隱喻（concept-metaphor），認為「跨國」思維可以使我們擺脫舊有範式的統一性和僵化性，

轉而以「多中心、多語言和多元文化的流動和聯繫網絡」進行思考。重要的是，跨國主義促使我們思考童書或童書作者以及童書主題如何受到多樣而複雜的影響，這當中往往牽涉了多種不同的文化和語言的混雜。雖然如此，在跨國的概念下，亞洲兒童文學仍須置於在地及本國文學傳統之中進行分析研究，以便梳理其中的脈絡連結，並進而以「離散、全球和跨太平洋脈絡」來檢視（例如台灣）自身以及源於自身的兒童文學文本，以積極迎向／尋求跨國所在的「中介」空間（in-between space）。

　　凡內莎‧久森（Vanessa Joosen）〈以童話和奇幻文學連結童年與老年〉一文，則將「跨界」視野拉伸或轉換至「年齡」議題上，藉由對童話與奇幻文學的考察，探討兒童文學書寫中「童年」與「老年」概念的相關。該文強調，年齡中的「老」與「少」並非相互對立的概念，而是可相互指涉，以此對「老化」（aging）的概念提出新解。就久森的觀察，「老化研究」（aging studies）近年來已成為文學與文化研究中的熱門議題，雖然這個議題在兒童文學研究場域，不如性別、階級、種族、族裔、身體政治和身分認同等議題受到重視，但在二十一世紀全球面臨人口結構老化的趨勢下，關涉「老化」的年齡議題將更顯重要，這也將會是兒童文學研究領域的關鍵／新興議題。另一方面，「年齡研究」無可否認也涉及生物、醫學等相關領域；可以說，兒童文學的「老年」研究不僅指向年齡的「跨界」，也十足呈顯「跨領域」研究的特質。久森指出，童話與奇幻文學作品中雖不無「年齡規範」（age norms）的提示，但以「年齡

倒置」（age inversions）與「年齡智慧」（agewise）對「老化」
（aging）提出新詮，在新近童書出版品中也愈益多見。值得注
意的是，久森這篇文章以「老年」與「童年」的跨越交接為探觸
焦點的論文，開啟並擴充了「跨界」研究的另一視野，將前述
「跨界」視域從地理、國族與跨國身分認同的主體想像，移轉至
個人生命／成長的另類關懷。

　　「成長」（coming-of-age）議題向來是兒童及青少年文學
研究的焦點。無可否認，青少年小說的「成長」敘事總是關涉
年齡（age）。「成長」往往指涉達成或到達某族群社會所認
定的特定年齡，這類小說敘事通常是以線性（linear）概念為依
歸，故事情節往往環繞兒童主角由青澀懵懂而至成熟轉化的既
定成長路徑，成長的意涵也經常由大事件所定義，而非以循環
式（circular）或平凡的日常敘事為重心。大衛‧洛德（David
Rudd）〈「生命當中哪有護欄？」杰森‧萊特曼《鴻孕當頭》
和李察‧林克雷《年少時代》裡的成長與回首〉則以近年兩部經
典青少年電影為例，挑戰上述傳統思維。根據洛德的觀察，《鴻
孕當頭》以少女懷孕這類青少年成長中相當常見的經驗作為探討
核心，卻由此解構了青少年成長的標準敘事，不論是在電影的內
容呈現方面，或是電影的拍攝手法，導演總是將劇中女主角的懷
孕事件低調處理。

　　而林克雷的《年少時代》也運用同一手法，將片中少年主角
馬森及其家人的生活，以漫長的十二年慢慢呈現出來，因此這
部片的獨特之處就在於運用了歷時十餘年的漫長光陰拍攝同樣

的演員的成長過程，觀眾可以親眼目睹片中角色的年齡變化，而無須藉由特殊事件以達到敘事效果。這篇論文強調，對於生命成長常見的規範，通常是以「成長」（轉大人）作為代稱，這往往抹煞了個人特殊的生命經驗。換句話說，一般的成長敘事總是將個體經驗縮限於外在的更大的文化敘述框架之中，而這樣的敘述框架，洛德強調，「明顯是以白人、男性、中產階級的經驗為範本」，呈現標準化的敘事模式，亦即「經常強調生命成長的主要階段和大事件」，而且「通常以滿布情感、戲劇化的場景收尾」。上述兩部影片則反其道而行，揚棄線性式的陽剛敘事，改採循環式的陰性化成長敘事模式，以此促使我們重新思考「成長」敘述的另向／多重可能。

　　奇幻和（反）烏托邦類型小說自二十世紀末直至二十一世紀初以來，可謂書市的暢銷品，不僅是兒童及青少年的主流閱讀，也形成跨齡閱讀的特殊現象。本書另兩篇涉及青少年論題的文章則是將此跨世紀青少年奇幻／科幻作品的流行現象，依循歐美歷史脈絡，檢視文本中青少年的「體現」（embodiment）與成人／社會經濟（恐慌與失能等）的相互疊映，或是探查兒童奇幻小說所承載的哲學／倫理意義，以兒童奇幻作品作為具體例證，探討當中哲學論述的轉折變化。

　　蘿貝塔‧席琳格‧崔爾茲（Roberta Seelinger Trites）〈當成人要孩子們擔負責任：兒童與青少年文學中的體現和經濟學〉一文指出，歷來兒童文學文本提供了許多範例，兒童經常得扛起責任，負責為成人拯救世界，成人自身不是無能力改變世界，

要不就是受浪漫主義理想化童年的思想影響，認為兒童總是比成人來得有能力。瑞典兒童文學作家林格倫（Astrid Lindgren）於1945年出版的《長襪子皮皮》（*Pippi Longstocking*）即為典型例子，而英國學者作家路易斯（C. S. Lewis）的納尼亞系列小說（Narnia series）則是另外的著名例子，尤其發表於1950年的《獅子、女巫、魔衣櫥》（*The Lion, the Witch, and the Wardrobe*）以及其他奇幻經典作品，皆可見這般題材。

崔爾茲也指出，二十一世紀以來出版的青少年小說，紛紛強調青少年需肩負越來越多的社會責任。以新近大量出版的反烏托邦小說為例，內容不乏陳述成人積極掠奪青少年的身體，無論是為了經濟利益，還是為了延年益壽。青少年的身體成了成人取之不盡的經濟來源，如青少年小說作品《分解人》（*Unwind*, 2007）和《起點人》（*Starters*, 2012）皆有相關描述。而年長者掠奪年輕人的身體以延長自己的生命，則可追溯自史托克（Bram Stoker）的古典名著《吸血鬼》（*Dracula*, 1897）；至於當代出版的青少年小說，例如《暮光之城》（*Twilight*, 2005），則可視為這類古老神話的延伸。這些新近出版的青少年小說中，成人對於青少年的劫掠，無論是以掠奪者或是以吸血鬼作為隱喻，一再明顯傳達成人對青少年的曖昧心態，這也反映出成人對於未來可能遭到淘汰以及養老問題的恐懼心理。這篇論文別開生面以「經濟學」和「體現」（economics and embodiment）為議題，叩問青少年文學——例如，當代反烏托邦科幻作品——對「青少年」的描摹與消解，由此反詰並凸顯現今資源短缺、環境

變異、人口結構老化等嚴肅而棘手的當代社會問題。

　　凱倫・柯茨（Karen Coats）〈奇幻與哲學：大哉問〉則是將「奇幻」和「哲學」兩相並置，指出奇幻文學通常可作為世俗的、物質性的譬喻，可以用來探問精神層次以及形而上的問題，而這些問題通常無法透過邏輯思考來回答。換言之，奇幻作品提供了具體的賦形，例如將「善」與「惡」的抽象概念具體化，如此一來人們對於自身感受到的經驗（抽象概念），便能透過外在事物的具體賦形（例如，故事）而得到解釋。柯茨舉當代兒童奇幻文學作品為例，探討四個基本哲學問題：什麼是宇宙的極限？什麼是人的意義？什麼是人的理性思維之外或其後？語言和現實的關係又是什麼？柯茨以認知論、精神分析與文化理論的假設作為起點，透過考察這些哲學論述觀點的轉折變化，細論兒童奇幻作品如何以特殊方式透顯、陳述相關哲學論點。柯茨認為奇幻文學對於年輕讀者的生命啟蒙至關重要，並且指出奇幻文學中不乏「後人類倫理」洞見。

　　「間／介」（in-between）一詞指涉與兒童文學相關的議題和「媒介」（medium），例如翻譯、插畫以及兒童文學的教學。可以說，「翻譯」、「插畫」和「教學」皆屬兒童文學的關鍵／延伸議題，既包含其中，但也擴充在外，是兒童文學得以繁衍、成形、實踐的重要管道與媒介。吉蓮・雷希（Gillian Lathey）〈「只要英文書」：抗拒效益下的童書翻譯〉是以英國為觀察重點，探討兒童文學的翻譯現象。該文指出，國際翻譯流通是個變化多端的現象，經常受到經濟、政治和文化等多重因素

影響。就其觀察，由於英語屬國際流通語言，經常居於主導地位，使得英語難以成為翻譯上的目標語言（target language）——這在兒童文學場域尤其明顯。換句話說，在英國童書市場上，翻譯童書占比極少，英國目前每年童書由外文翻譯為英文的數量只占百分之二。究其因，是受到《教育守護者》（The Guardian of Education）這份出版於1802至1806年間，對英國童書出版頗具影響力的期刊所左右。這份刊物的主其事者特里默夫人（Mrs. Sarah Trimmer）主張，只有英國出版的書籍才能確保兒童的道德教育能以宗教教義為基礎。這樣的觀點在當今英國童書出版上儘管仍屬大宗，但令人慶幸的是，透過出版社、編輯、翻譯者、評論者和教育人士的持續努力，想方設法媒介為數不多的英譯童書，抗拒兒童文學翻譯作品的現象在英國已逐漸改觀；此外，「翻譯策略」、「國家政策」以及「國際推廣活動」也與英國童書翻譯的（正向）發展，密切相關。

　　艾瑪・歐莎利文（Emer O'Sullivan）〈插畫與跨符號翻譯：無稽詩文的視覺呈現〉這篇論文則著重「圖像翻譯」的研究，以文學插畫以及插畫作為符際翻譯或跨符號翻譯（intersemiotic translation）的意義為探究焦點。歐莎利文援引語言學家賈布森（Roman Jakobson）的「符際翻譯」概念，亦即「藉由非語言符號系統的符號對語言符號的詮釋」，探討「插畫」作為非語言符號系統中的「符號」，如何重新詮解、擴充或轉換文學文本中的語言符號，以進行或形成巧妙的「符際翻譯」。歐莎利文以路易斯・卡若爾（Lewis Carroll）《愛麗絲夢遊奇境》（Alice's

Adventures in Wonderland）這部經典文學名著的各式插畫為例，探討一系列相關問題。例如，插畫家除再現文學作品的場景和角色外，如何運用自己的符號系統「翻譯」那些無法立即可見的內容——比如卡若爾作品中極具特色的語言無稽遊戲？又如圖像符號如何營造文字成分而成為圖畫？圖畫是否須經過調整以符合某種意識形態的表現？而不同的插畫版本所呈現的「互文關係」又該如何探討？由作者縝密排舉的諸多涉及跨語際及跨符際的文圖轉換例子可見，圖畫作為一種「跨符號翻譯」有變化多端、窮究不盡的特殊意涵。

凱瑟琳・巴特勒（Catherine Butler）〈兒童文學教學的分裂思維〉借用醫學上的裂腦症疾病來作為比喻，指出人類的左、右腦分別掌管不同的功能，裂腦症的病患透過左腦看到一張圖畫，雖可辨識看到了什麼，卻無法表達出來，這是因為左右兩邊的大腦雖各自正常運作，卻無法彼此溝通，藉此說明兒童文學的研究也有類似狀況：「現實生活裡兒童的實際閱讀經驗與文學評論者的理論批評論述，兩者完全分離」。換句話說，文學領域的學者通常依照文學傳統訓練來研究兒童文學，而教育體系的學者在探討童書時，往往只著眼於讀寫能力、兒童發展及兒童心理學等，很少觸及童書的文學層面。這兩類學者各行其是，鮮少往來——可以說，兒童文學的文學研究與教學研究基本上是分裂的，這也就是為何兒童文學研究如同裂腦症般。值得留意的是，巴特勒認為這樣的狀況只是整體文學研究領域更大的分裂現況當中的一環。然而，她也指出以當今英國學術環境（講求績效）的

變化而言，文學批評與教學之間的「裂腦症」出現了新的治療機會，當可從中逐步琢磨出新的教學模式，用來閱讀和討論文學。作者樂觀提出，或說再次強調，在重塑文學批評以及教學模式的過程中，兒童文學或可擔任領頭羊的角色——正如她曾於2006年提及的，兒童文學在某些方面是個典範學科（paradigmatic discipline），至今仍然如此。她引述聖經所言：「匠人所棄的石頭，已成了房角的頭塊石頭。」以此提示「兒童文學」的重要性。在文學批評的金字塔結構裡，兒童文學雖然長期屈居下位，但如今對文學教學的整體環境而言，兒童文學可謂提供了良好的改革契機，並可作為範例。此跨學科整合的提示，也可作為台灣兒童文學研究未來發展的借鏡。

童年 ‧ 地理 ‧ 跨界

Childhood, Geography and Border-crossings

變動中的童年地理學：
兒童文學中的地方、
空間與情感*

凱莉‧邁藍（Kerry Mallan）

古佳艷　譯

描繪童年地理學

　　這篇論文既然討論童年地理學，就讓我從自己小時候的一張地圖以及一個故事作為開始。

　　我小時候住的地區叫做荷蘭公園（Holland Park），這個荷蘭公園不在英國倫敦的高級郊區，而是位於澳洲布理斯本郊外一個不太起眼的地方。小時候，我對住家周邊相當熟悉，因為我每天都在附近走動。我走路上學、去商店購物、去找朋友玩；有時候也去公園、河邊、遊戲場玩耍。甚至曾經有一段時間，我喜歡早早起床，參加教會的晨間禮拜。我喜歡那種感覺：在大部分人都還沉睡的時刻，獨自在空蕩蕩的街道上奔跑，我一點都不害怕

---

* 原文題目為"The Shifting Geographies of Childhood: Place, Space and Emotion in Children's Literature"，發表於2014年11月8日於東吳大學舉辦的「兒童文學的典範轉移」（Shifting Paradigms in Children's Literature）研討會，本文為大會的主題演講。

是否有誘拐小孩的壞人突然把我捉走，是否有兇猛的大狗跑來攻擊我，或者不懷好意的小流氓上前威脅我，也或者就是因為這些潛在的恐懼，更增添了記憶中的興奮感覺。

幾十年來，童年的街坊地圖牢牢地留在我的心裡，甚至在我搬到城市另外一端的郊區後，仍是如此。小時候住的房子、寬敞的後院和高大的芒果樹，早就因為那一區的住宅開發計畫而消失了，學校和教堂還在，不過經過大規模的修建，也不再是我當年進進出出的木造房子。朋友們早就各奔東西，地產開發公司進入社區後，拆掉平房、蓋起了高樓。

有關地方與空間，不論是回想或重述，我的童年記憶大多是愉快的；但其他人對童年地方的情感反應，很可能與我大不相同，有些人童年階段住過的家就有好幾個，不像我只有一個。根據莎拉・馬琪安（Sara MacKian）的觀察：「勾起情感反應的經驗，都占有具體的空間、時間、社會位置」（616）。

藉由我主觀的童年街坊地圖，我方才模擬了許多研究者的方法：觀察人對環境的情感態度。歐嘉・鄧貝斯坦（Olga den Besten）曾在她的研究裡檢視巴黎和柏林兩個城市的新移民孩童，為自己居住的區域所畫的地圖。

來自巴黎北部與東北部郊區的弱勢社區（disadvantaged suburbs）兒童，住的是社會福利住宅（*cites*），那是一些不起眼的方塊狀高樓住宅（188）。孩子們所畫的主觀地圖裡，總是有這些又高又擠的建築物；不過，在他們眼裡，這些社區不僅不危險，也不難看，反而是他們最喜歡的地方。鄧貝斯坦評論這樣一

張圖，上頭畫的是一群正在社區空地踢足球的孩子：「對孩子們而言，高樓建築圍起的屏障，環繞成小院子，是他們戶外活動的主要場地——既是遊戲場，也是玩球、騎腳踏車或者和朋友閒蕩的地方」（188）。

另一方面，鄧貝斯坦的研究也觀察了不住在上述弱勢社區的兒童所畫的地圖。在那些小朋友的地圖裡，代表弱勢社區的表情符號（emoticons）是恐懼和嫌惡——圈圈裡有叉叉。小朋友解釋，他們之所以會這麼畫，是因為那裡有「壞人」和「很多暴力青少年」。鄧貝斯坦表示，這種討厭和恐懼，來自弱勢社區在一般人心裡的壞名聲，以及媒體所報導的犯罪和暴力，致使許多父母親禁止小孩接近那些區域。

我們可以把以上的迷你情感地理學（mini-geographies of emotion），拿來和圖畫書做比較。麥可‧羅森（Michael Rosen）與鮑勃‧葛拉翰（Bob Graham）合寫的《這是我們家》（*This is Our House*, 2005），是一群住在高樓公寓建築裡的孩子們的故事。這本圖畫書所隱含的場地和社交群聚的美學和上述研究類似。在這本書裡，只要孩子們聚集在社區的某棟建築外面，那個所在地點就轉變成為遊戲空間，原來無趣、不起眼的地方，因為有了玩耍的孩子，就從單色變成了彩色。

不管是我自己的童年主觀地圖，或鄧貝斯坦研究計畫裡的孩子們所畫的地圖，都告訴我們：一般的地圖只提供靜態資訊，例如位置、動線與相關的辨認符號，不包括我們對於這些資訊的情感反應。我們可以在我的童年地圖上加入表情符號，就像鄧貝斯

坦研究計畫裡的孩子們一樣。然而，就算這麼做了，地圖上多了
一些代表情感的符號，卻仍無法充分表達當中的情感經驗——例
如：曾經在那裡發生過的興高采烈、恐懼、愉悅等等的戲劇性起
伏。

　　不管是圖畫書或小說，地圖常常作為敘事的手段或工具出現
在兒童文學裡。文學作品裡的地圖，構成了書中人物所想像的地
方，或是故事裡旅程路線的具體地理圖像。通常地圖會被安排在
書的開頭，隨著故事情節的推進，讀者可以因著需要回頭瀏覽地
圖，進一步取得情節發生地點的地理訊息。

　　納迪亞・惠特里（Nadia Wheatley）和安德魯・瑪克連恩
（Andrew McLean）的圖畫書《公路》（*Highway*, 1998）前後蝴
蝶頁都放了地圖。故事裡的一家人從他們的家出發，沿著公路在
七個地點停留，最後又回到家。地圖以孩子的視野和角度，標示
了旅途的重點：包括眼睛見到的風景、媽媽所講述的原住民地主
的故事、他們觀察到的地理景觀、汙染狀況、路上遇見的其他旅
行者、路標等等。地圖上的註解與徒手畫都隱含著情感，讀者因
此接收到了旅途中的額外感官經驗與訊息。

　　《公路》這本圖畫書告訴我們，人的「習癖」（habitus）或
習性可能因為經歷了某種經驗而改觀。習癖的概念來自社會學，
指的是某個特定社會群體的生活方式、價值觀、性情和對事物的
期待，習癖是經由日常生活累積形成的行動或經驗。《公路》是
個很好的例子，它告訴我們，文學可以改變讀者的習癖，也就是
說改變讀者對地方與空間的了解、覺知和情感態度。當挑戰習癖

的情況發生時，不僅僅人的理解（人認識世界的方式）要進行重組，透過情感加持後的認知（我們喜歡或不喜歡一個地方），也會改變。在故事裡，一家人的旅行，讓孩子對她所居住的世界有了新的認識（新的知識），並且對她所居住的世界也產生了新的情感知識。

在《我們去走走》（*Yirruwa Yirrilikenuma-langwa / When We Go Walkabout*, 2014）這本圖畫書裡，剛才提到的兩種知識（地理知識與情感知識）再次成為重點，只是故事人物的習癖沒有那麼明顯的改觀。不過，這本書還是蘊藏了潛力，打破讀者對某個地方（格魯特島 Groote Eylandt）的認知偏見，並形成新的情感態度（格魯特島就位於澳洲的上端）。

《我們去走走》是由兩位具原住民身分的畫家與作家所共同創作的：羅妲・拉拉臘（Rhoda Lalara）和阿爾弗雷德・拉拉臘（Alfred Lalara）。故事用兩種語言敘述：格魯特島的原住民語言——阿寧迪利亞瓦（Anindilyakwa），以及英語——澳洲白人的語言。書的封底就是格魯特島的地圖，阿爾弗雷德・拉拉臘所畫的傳統風格地圖，有兩隻旗魚圍繞，他還畫了一隻白色、一隻黑色的手，象徵雙向學習，這也是格魯特島當地孩童的雙語學習模式。

故事裡的孩子出發去「走走」，其實意思是去進行一趟「旅行」。路上他們觀察了動物和土地的自然形成，他們的旅行不是從一個點到另一個，因為沒有已經開好的「路」可以走，而是要依循土地的韻律與輪廓前進。途中他們遇見很多動物，包括傘蜥

蜴、青蛙、袋鼠，最後回到有祖母在等待著他們的家。

《我們去走走》裡頭描繪了看不見、不具名的兒童敘述者，如何體驗一個與他們的文化認同緊密相關的土地。在旅行的過程，孩子們展現他們對動物的認識，邀請讀者跟著他們一起看、一起聽這些動物的動作和聲音。這本書讓我們看到，透過人對地方以及這個地方周遭空間的知識，如何造就實體生活。而所謂的實體生活，就是「生活體驗」，也就是人的生存與感覺模式。

歸屬感（belonging）

《我們去走走》這本書裡，與知識論、情感的知識息息相關的即為歸屬感。歸屬感是許多童書的共同主題，浦蘿蘋（Elspeth Probyn）認為，歸屬感暗示著「某種建立聯繫的慾望，不管是和人、土地、生存模式建立聯繫都算」，她還談到「各種對歸屬感的想望」以及身分認同和歸屬感的密切關係（19）。身分認同與歸屬感的連結在《我們去走走》相當強烈，書裡所表現的歸屬感具有好幾個面向：包括社會的、文化的、認知的、生態的，也有情感的、生理的、物質的和象徵的面向。

吉妮‧貝克（Jeannie Baker）的圖畫書《家園》（*Belonging*, 2004）所描繪的歸屬感和《我們去走走》大不相同。她探討的地方，不是《我們去走走》的自然環境，而是會因為人的介入而隨著時間轉變的居住空間。這本書讓讀者看見一個地方如何因為工業成長、消費主義和人類的漠視變得疏離，讓社群關係和歸屬感

逐漸瓦解，然而，它也同時告訴我們，人類有能力改變空間、更新社群關係、創造歸屬感。

我們可以拿貝克這本無字圖畫書的兩個從室內視角往戶外看的場景作比較。第一個場景讓讀者見識到這是個令人不舒服的地方：俗氣搶眼的廣告招牌、熟悉的日用品牌、牆壁塗鴉、缺乏公德心的毀損、破敗的建築物等等，都市發展與冷漠充斥在日常生活的空間。前景的位置，有對抱著新生兒的夫妻，窗台上還有一張「喜獲麟兒」的賀卡。這本圖畫書裡，後來又出現了一張給寶寶的生日卡，暗示時間流逝與小孩的成長。除了招牌和卡片，《家園》裡再也沒有其他文字了，但在此處這本書暗自問著：這環境適合新生兒嗎？

在圖畫書的最後一個場景，我們看到同樣的地方已經有綠樹、有花草，變成一個幸福、乾淨、安全的社區了。很明顯地，最後這個畫面把空間與歸屬感做了良好的連結：不只小孩長大當了爸爸，他的父母親也升級當了祖父母，花草樹木也脫離了圖畫書開頭時的生澀稀疏，生長茂盛。法國都市理論家列斐伏爾（Henri Lefebvre）所謂的「社群空間」（social space）儼然成形：他們全家人都聚在前院，對街現在是個公園，屬於鄰里社群的活動空間。以前那個牆上有醜陋塗鴉的修車場，以及時常發生暴力事件的街頭巷尾，已經消失。

最後這個畫面呈現的是個和諧的烏托邦：共存共榮的三代同堂和繁茂的樹木花草相應和。這幅圖像還告訴我們，這不只是硬體的改造而已，這裡還發生了社會心理的整體蛻變——處處看得

到人類互動的痕跡，以及特定群體的社交和認同意義。這些都讓空間成了「體現之地」（embodied places），變成適合居住的社區。在這個畫面當中，不存在任何會對生存帶來威脅的東西。《家園》從一開頭就訴說人類主體的生命週期，這個故事以生命經驗作為標示，例如出生、結婚、生產與最終的死亡。

真實、非真實空間和酷異時間（queer time）

現在我想藉由「酷異時間」的概念，從真實空間移轉到非真實空間的觀察，並探討一種對於時間的另類理解。真實空間與非真實空間的區分，通常暗示著講求權威與優先順序的真實世界，比非真實世界來得重要。我們通常認為遊戲中的孩子，沉浸在非真實的空間，和想像的朋友或玩具在一起；而成人，則通常被視為屬於真實空間，遵循現實世界的要求。

此外，酷異時間則讓我們思考童年以及童年和真實空間與非真實空間的關係。利用酷異觀點討論圖畫書時，我會針對真實與非真實空間如何交錯、如何改變隨之而來的情感進行觀察。我這裡提出來的酷異概念和性向的認同無關，**而是一種理解方式，幫助我們理解想像的、古怪的、戲謔的、冒險的存在形式**。酷異理論家認為「酷異」具有一種**非規範的邏輯**（粗體為本文作者所強調）。

藉著把讀者放在想像的地理脈絡，故事文本提供機會，讓讀者得以投入地理空間的認識，並理解在當中開展的情感起伏。在

接下來的文本裡，讀者將面對真實空間與想像空間裡的酷異經歷，以這些酷異挑戰正規的歸屬感以及生存模式。

童書經常提供逃離此時此地、遁入想像時空的路徑，這就是奇幻文學的特色。不過，在其他呈現真實與想像空間交疊的文類裡，也找得到類似模式。例如：故事從正規的每日運作時空，跨入非真實的空間或是酷異的存在模式，這時固著於某個地方（某個地點）的身體穩定性就會受到破壞，進入另類的主體性。

莉比・葛利森（Libby Gleeson）的《平凡的一天》（*An Ordinary Day*, 2001）就是一個呈現非真實空間、酷異存在狀態的極佳案例。這本圖畫書敘述了大家熟悉的故事：學校是個既無聊、規定又多的地方，待在那就像是個懲罰。於是小孩通常不得不發明些藉口，來逃避某些討厭的任務，如家庭作業。

這個故事的開頭句子很長：「傑克在一個平凡的日子醒了過來，盯著灰色的石頭牆面，起床，穿好衣服，對著爸媽臉前面的報紙說『早安』（因為他們正在看報紙），然後安靜地吃他的吐司。」隨著故事的推進，我們看到傑克從睡眠中醒來，卻是進入另一種麻木的狀態，他不僅被分配去睡覺，也被分配到日常生活的規範中。傑克的日常生活就是單調的重複：上學，熟悉地演練各種沒寫功課的藉口，傑克看起來是從醒來的那一剎那，就不記得他原先習以為常的生活模式與日復一日看到的景象。當他出門上學，文本告訴讀者：「所有的事，看起來都跟之前一樣。」然而，讓讀者疑惑的是：真的這樣嗎？因為傑克對於在原本灰暗炭色的街景以外，所添加的彩色畫面都視而不見。（或者這些都太

熟悉了，以致於無法引起他的注意。）相較於身旁忙碌移動的身體和汽車，畫面裡的傑克存在於他自己的時空，與整個大畫面形成既分離又平行的狀態。傑克沉重地踩著步伐往前走，垂著頭還駝著背，邊走邊想今天要用哪個藉口。

當故事進入非真實空間時，傑克的沮喪與焦慮一掃而空，迥異的情感空間符號出現了：昂首闊步的傑克，直接朝著讀者微笑，而一隻鯨魚竟然出現在阻塞的車陣當中。傑克家裡的東西——鯨魚照片、早餐的用具、玻璃容器裡的金魚——也伴隨著這個酷異時刻出現，彷彿在挑戰什麼是真實、什麼不是。然後，鯨魚畫面的重要性逐漸升高，原本只是他房間牆上的一張裝了框的圖畫，後來成了多重又多樣的各種顏色，超越了時間與空間的邏輯。傑克也從地面位置往上浮起，和鯨魚一同飄在街道的上方，這樣的轉變並沒有出現在文字敘述中，而是以一系列開展的圖像呈現。酷異時刻可以從傳統的「現實世界」無縫接軌直通想像的世界，傑克的情感狀態，在此時也從哀傷轉為喜悅。但等他走近校車門邊時，表情變成充滿了嚮往和放棄，暗示著酷異時間要結束了。不過當校車的車門打開時，傑克一腳踏上去，非真實的世界回來了！司機是隻海象。

在探索真實與非真實之間界限消融的同時，《平凡的一天》提醒我們注意一些名詞標籤，像「真實生活」以及各式各樣例如「白日夢」、「神遊太虛」、「異想天開」等等。我想《平凡的一天》這本圖畫書默默地邀請讀者思考上述不同的狀態，是否真的有那麼大的差異？或者我們可以說：現實與幻想，清醒與夢

境，其實有無數的孔隙互相滲透。這本圖畫書最後的畫面——海象司機，並非故事的總結，既未曾產出特別的訊息，也不是解釋整個故事意義的關鍵。然而海象卻點出了一種中介狀態：介於「在那裡」與「不在那裡」，介於「真實」與「非真實」，介於「白日夢」與「睡夢」之間的狀態。

恐懼地理學

徘迴於真實與非真實、現實與想像之間的中介狀態，有時候肇因於恐懼與逃避的心理。例如，傑克對於進了學校就要面對沒有寫作業的後果，深懷恐懼。

恐懼是非常普遍的人類情感。成年人大多已經擺脫了童年的恐懼（像是怕黑），然而許多小孩的童年時期，籠罩在深層的恐懼中。小孩子的長期恐懼之一是受到排擠、沒有朋友。在此舉出的第一個例子是艾倫‧布雷比（Aaron Blabey）的《桑黛‧查特妮》（*Sunday Chutney*, 2008），桑黛企圖用她不在乎別人認為她古怪，來掩飾她的恐懼；第二個例子是阿爾敏‧格雷德爾（Armin Greder）的《城市》（*The City*, 2009），那是一個害怕失去孩子的母親的故事。她的恐懼讓她陷入非理性，隨時都想方設法讓孩子遠離危險。這些文本都與歸屬感、家庭和學校等社交空間有關。對於個人來講，家庭與學校兩種空間都是具有情感關聯與意義的地方。

《桑黛・查特妮》

桑黛經常搬家，從某個國家到另外一個國家。因為搬家，她必須換學校。她總是很高興地向人宣告這種移動式的生活很不錯：「因為我爸爸的工作關係，我已經在全世界各地都住過了。真是很棒的經驗！」但她的生活也有陰暗面——「麻煩的是，我經常得轉學，需要適應新的學校。」

這本圖畫書的插畫部分，承載了桑黛的恐懼和情感負擔。桑黛在畫面上顯得渺小，而學校的建築物看起來無趣又黯淡。右頁的畫面色調陰沉，和左頁的彩色明信片形成強烈對比。那些明信片都是桑黛曾經旅行過的世界各地。這本圖畫書一再凸顯強烈的情感對比。

桑黛自己承認每個人都認為「新來的孩子有點兒怪」；同學並不認為她是個與眾不同、令人好奇的新朋友，反倒覺得她是個令人擔憂困惑的怪人。排滿了整齊桌椅的教室無法讓桑黛產生歸屬感，她對抗不安全感的方法就是向人宣告：「我不在乎」——我們看到伴隨著這句話出現的插圖裡有個喜孜孜、沒有掛慮的桑黛獨自跳著舞。

桑黛堅稱她喜歡獨處。這頁的畫面被剖成兩半：第一個部分是微笑的桑黛獨自坐在一個白色的長桌，旁邊有一杯茶；第二個畫面裡則有一張很長的桌子，坐著瘋帽匠和白兔，他們都是《愛麗絲夢遊奇境》裡的人物。這些虛構人物的加入，和桑黛一起享用下午茶和蛋糕。桑黛說：「我有很棒的想像力。」這裡，我們

看到文字與插畫同時顯示她所言不假；但在其他地方，文字和插畫有時卻是矛盾的。

　　例如，她推測未來她會「進入時尚界」，或者成為足球明星，但是插畫的部分顯示，完全不可能。她還說自己「真的擅長與女孩子們交朋友」，但是圖畫很清楚地告訴我們，女同學似乎被桑黛嚇到了。而且，桑黛對交朋友這件事，其實不是那麼有信心：我們看到在圖畫裡，她勉強對著女孩們揮手。

　　這本圖畫書強調建立歸屬感的必要。它告訴讀者：那些看起來「怪異」或酷異的人，或許可以找到一個想像的、非真實的空間，排解被外在世界拒絕的挫折。故事的主人翁桑黛・查特妮，有個聽起來很怪、與眾不同的名字。而她用不在乎的方式，以及想像自己與故事書裡的角色一起玩的方式，體現自己的奇特。從外表看來，戴著大眼鏡還有裝飾了向日葵帽子的桑黛，也的確特立獨行。

　　《桑黛・查特妮》利用雙重自我的概念呈現小女孩桑黛，創造了兩個自我的版本，作為適應環境的手段——既是學校裡那個恐懼沒有朋友的新同學，也是無憂無慮不在乎的孩子；既是獨自一人，又與想像的朋友歡聚。以這樣的方式重新詮釋面對的狀況，雖然不符合現實，卻表現出樂觀的態度，才能讓自己持續保有酷異的特質。

《城市》

　　《城市》採用了不同的恐懼地理學，故事最後被酷異慾望所

阻礙。作為這場演講的最後一本圖畫書實例，它回到鄧貝斯坦研究計畫裡那些居住在巴黎社會住宅的兒童的恐懼概念。小孩子擁有的恐懼，似乎不一定是從經驗而來，有時是聽來的。《城市》圖畫書裡的媽媽，她的恐懼是真實的，也具體表現在想保護孩子的慾望上，她希望孩子不會像丈夫一樣死於戰爭。在某個層次上，這個文本強調沒有止境的慾望是危險的。但是從酷異的觀點來看，《城市》這本圖畫書點出，當生活周遭的空間變得不可靠、不安全時，就需要重新想像歸屬感與對群體的忠誠度。

故事一開始，媽媽溫柔地照顧她的寶寶。不過，場景接著改變了，我們看到女人的丈夫死於戰爭，於是她逃離原先和寶寶居住的地方。逃離的當中，我們看到畫面描繪的是從女人的脖子以下，她緊抱著小寶寶，臉上的大眼睛充滿恐懼。第一個畫面的居家空間，和第二個畫面——離開家，進入更大的空間，形成對比。強烈的情感地理學變動，顯示原本和諧自足的身體，其實只是纖弱的個體，輕易就可能受到傷害。

女人離開城市，是為了「去找個能夠讓孩子安全的地方，沒有傷害的地方」，試圖重新恢復她自己與孩子和諧自足的生活。她走過一段路程，受到強風和暴雪的猛烈襲擊，躲進「毀壞的穀倉和廢棄的馬廄」裡暫時棲身。當她穿過森林的時候，一棵棵大樹宛如高壯的士兵，藉由孤獨嬌小的女人抱著孩子、走過高大的樹林的場景，營造出強烈的情感力道，圖畫裡只有遠方微弱的橘色光線，帶來一絲希望。最後，她找到了一個無人居住、缺乏足夠生活機能與基礎建設的地方建立家園。

　　關於女人和她孩子的旅程，書裡所提供的地理視野是侷限的。在《城市》這本圖畫書裡，讀者只能觀看到這對母子居家空間的情感相關層面，圖畫沒有提供物質的、象徵的或建築的地理學線索。這本圖畫書裡，描繪了一連串媽媽照顧孩子日常需求的畫面，我們發現這位母親陷入情感停滯的狀態，以致於她拒絕正視成長中的孩子其實會有不斷改變的需求，她的孩子沒有被給予任何獨立思考與獨立行動的機會。圖畫傳遞的訊息是：慾望就像雙面刃，女人對孩子強烈的愛與保護，正好也是強烈的控制欲和占有欲。

　　隨後，一群穿著化妝舞會服裝的旅人行經至此，他們詢問女人前往城市的路。女人感覺她在自己和孩子四周苦心建立的情感堡壘，因為陌生人而受到威脅。這群人離開後，兒子帶著渴望的眼神詢問媽媽：「以後你也會帶我去城市嗎？」

　　女人去世之後，隨著時間的流逝，孩子並未採取任何行動，這是因為他的情感狀態始終停滯不前，讀者可以從他眼神的茫然、宛若胎兒的姿勢，看出他的無助。幾個月、幾年過去了，成為年輕人的男孩的心理與生理地理學，顯得更加一致。他整個人似乎被無行動力、無決斷力給吞噬了，而他的家也從裡面逐漸被蛀蟲、螞蟻、飛蛾吃掉，從外面遭到暴風和冰雪的殘酷攻擊。縮小的房子、廣大荒涼的周遭地理景觀、可怕的黑暗天空，都為這個年輕男孩感受到的絕望與孤立增添了想像的情感強度。

　　在情勢催逼之下，年輕人只得離家，為母親的骨灰尋找適合的埋葬地點。但每次他找到了一個地點（樹下、洞口、森林邊緣

或湖邊），母親的聲音就出現，拒絕那個地點。她活著的時候所訴說的恐懼，也不時在他耳邊響起。作者把讀者放在局外人的位置，看著這個男孩從一處旅行到另一處，從經驗逐漸累積對於陌生地景的地圖知識，男孩同時扮演著「旅行者」與「墳墓挖掘者」的平行雙重身分。

母親對孩子的控制，最後在男孩碰到一頭攻擊他的野狼時瓦解了。男孩殺了那頭狼，在保護自己而殺了野獸的那一剎那，他也脫離了母親的掌控，獲得自由。接著，把母親的骨灰埋在一片荊棘底下之後，他重新出發去「尋找城市」。城市，那個當年母親拼命要逃離的可怕地方，現在成為男孩烏托邦想像與開啟新生活的地理目的地。

結論

這篇論文從製作童年地圖開始。地圖幫助我們把童年空間視覺化，但是要製作一張標示了情感地理學的童年地圖十分困難，必須得透過故事來進行，地圖的製作，在這裡也同時是一種了解童年地理學的隱喻。尤其當我們想要了解的，不僅僅是地方與空間而已時更是如此。以上所討論的兒童圖畫書也清楚呈現童年地理學在空間和情感面向上的作用。

童年是每個人生命軌跡的時間與空間。本文討論的圖畫書，點出了童年的時間與空間構成元素。在某些文本裡，例如《我們去走走》，情感與地方有很強的連結，顯示一個民族與某個地方

有著歷史時間以及文化上的牽繫。在《家園》這本圖畫書裡，社區的正向改變與發展，讓社群空間更友善融洽。

　　這篇文章還提出了酷異時間的概念，藉此點出對於生活的另類思考，幫助我們想像地方、空間與童年的各種情感連結。

　　在某些圖畫書裡，一種現實被另一種所取代——例如，以主觀想像的現實取代真實生活——就像《平凡的一天》裡要去上學的男孩，《桑黛·查特妮》裡不適應學校生活的女孩，還有《城市》裡，那個與社會斷絕了關係的男孩。他們原先對某個地方的情感都受到恐懼所擺布。只有當主體從恐懼造成的封閉情感狀態破繭而出時，新的可能才會浮現。

　　這些與恐懼相關的情感和《公路》這本圖畫書裡的兒童敘述者的聲音大不相同，那些孩子迫切想要透過旅行認識外在世界，獲得新知識與洞察力，體驗喜悅、驚奇、大開眼界的同時，回頭再重新塑造「家」的概念。

　　上述討論過的圖畫書都顯示，童年不是固定的，也並非放諸四海皆準，或全世界類似。童年包括了不同的經驗、情感和歸屬感，正是這些構築成生活在世界上的一切。

跨越與徘迴：
視覺文學中的跨國童年[*]

柯萊兒‧布拉佛（Clare Bradford）

古佳艷　譯

　　在這個全球移動的年代，難民、移工、申請庇護與無國籍的人口在各地流動，青少年與兒童文學當然也無法再用國族的觀點來詮釋。也就是說，無法單單從「國族想像」（national imaginaries）如何塑造文本和建構目標讀者社群來理解。國家立場仍然對全球政治影響重大，而且常是問題本質的所在，因此我們並非生活在「後國族」（post-national）的世界裡。然而國族（或國家）並非純粹或毫無參雜的身分歸屬。過去這幾年來，有關國家文學的討論，焦點已經從文化國族主義（cultural nationalism）轉移到與跨國主義（transnationalism）相關的方法論。

　　文學研究與文化批評的「跨國轉向」體認到：形塑一個國家的國族文化基礎，就在那個國家如何與其他的文化接軌。例如詹

---

[*] 原文題目為"Across and Between: Transnational Childhoods in Graphic Novels"，發表於2015年11月14日於國立臺北教育大學舉辦的「亞洲童年與視覺文本國際研討會」（International Conference on Childhood and Visual Texts in/of Asia），本文為大會的主題演講。

姆士‧威克斯（James Wicks）研究六〇年代與七〇年代的台灣電影，認為那些電影以及後來的電影，皆深受同時存在於「國族想像的空間」裡的各種影響力所左右。威克斯的論點建立在一個「本土的、國家的、區域的、跨國的模式」（xv），著眼的向度包括：台灣過去的日本殖民史、國民黨政府的統治以及1987年解嚴後的民主改革，外加台灣與全球資本的連結。他認為台灣無時無刻不在消化與融合過去與當下的各種變數，所以不僅僅是後殖民國家，也是跨國族的國家。同樣的，澳洲的文化生產和英國殖民主義的遺產（legacy）息息相關，但它與整個世界的連結，遠遠超出它和英國的過去。其中一部分原因在於澳洲和東南亞的地理以及文化關係緊密，另一部分原因則在於第二次世界大戰之後的移民歷史（最近一次的人口普查顯示，澳洲人當中，每五人有一人不是在澳洲出生的）。

隨著這些文化協商的洪流與時俱進，兒童文學無從迴避，並且同時在當中被塑造成形。甚至當兒童文學裡有明顯的本土主義與國族主義潛在動機時，從而產生的故事，其意識形態或視覺呈現，不可能單單僅與這個國家有關而已，而是和整個世界都有關。

在今天的演講裡，我要討論的視覺文學作品所呈現的國家定位、身分認同與童年，都具有跨國視野：我要討論的有楊謹倫的《美生中國人》（*American Born Chinese*, 2006）以及澳洲原住民作家布瑞頓‧麥肯納（Brenton E. McKenna）的「烏比的落水狗」（Ubby's Underdogs）三部曲的前兩部——也就是《鳳凰龍

傳說》（*The Legend of the Phoenix Dragon*, 2011）以及《英雄的開端》（*Heroes Beginnings*, 2013）。[1]《美生中國人》和「烏比的落水狗」系列的主人翁都是亞洲人，但他們並不住在亞洲——前者住在美國，後者住在澳洲。故事的焦點圍繞在身分認同的建構，那是個不斷跨越國家疆界以及在文化邊界不斷徘迴的過程。

　　為了討論跨國主義和視覺文學，我使用了雷蒙・威廉斯（Raymond Williams）相當實用的概念「文化元素的形構」（formulation of elements of culture）作為框架。威廉斯把元素區分為殘餘的（residual）、新興的（emergent）和主流的（dominant）。殘餘的元素來自過去，但是現在還具有意義和影響力；新興元素發展後則可成為「新的意義、價值觀，新的常態、新的關係和新的關係種類」，而主流文化元素則包含「傳統、體制和形構」（Williams 123, 115），它們主導社會的運行方式，排擠其他元素和做法。

　　「烏比的落水狗」系列是澳洲原住民出版社馬噶巴拉書店（Magabala Books）首度嘗試出版的圖像小說。故事圍繞著二次世界大戰後在澳洲西部金伯利（Kimberley）地區布魯姆（Broome）小鎮那裡的人和文化。《鳳凰龍傳說》一開頭就如此介紹：布魯姆是一個塵土飛揚的小小珍珠鎮……是原住民的家鄉，也是很多新移民的家園——不同國度與陌生文化的人們投奔

---

[1] 譯註：第三部曲《龍的回歸》（*Ubby's Underdogs: Return of the Dragons*）於2019年出版。

到這裡，在此混居、掠奪、分贓。主角烏比就是作者的祖母，是
個充滿個人風格和主見的女孩。她領導一群落水狗，一群「落魄
的怪胎，組成布魯姆小鎮上最小的幫派」，成員包括：烏比、超
酷的愛爾蘭人芬恩（Fin）、馬來男孩賽爾（Sel），以及來自紐
西蘭的毛利人嘎畢（Gabe）。這個小小幫派隸屬於一個更大的
幫派組織，幫派裡有原住民、華人、日本人、馬來人和歐洲人。
小鎮的經濟由一個外號叫做「珍珠惡霸」的英國人保羅‧唐納
波頓（Paul Donappleton）所控制，他的兒子司卡提（Scotty）是
「珍珠幫」的領袖，和「落水狗」勢不兩立。

　　《鳳凰龍傳說》一開始的「人物介紹」，一一呈現了敵對雙
方的人馬，跨國主義的視覺符號也就此展開。圖像文學的研究很
早就發現，這類故事慣用誇張的刻板印象呈現族群特徵。為了讓
讀者迅速辨識不同的人物，所有角色的外型必須有明顯差異，而
且具有一致性。舉個例子來講，毛利男孩嘎畢，讓人一眼認出，
因為他有褐色的皮膚，臉部有著刺青，髮型則是局部剃光成為半
邊頭，還缺了門牙，讓他講話永遠沒辦法好好發出S音。我們或
許可以說這個造型讓他多多少少維持了矯健好戰毛利人的刻板印
象，但是同時故事的發展也讓讀者明瞭，他個性機靈還挺會照顧
人的，是馬來男孩賽爾的好朋友。不過他的臉部刺青，對讀者而
言，可能具有矛盾反諷的效果，因為傳統毛利勇士的形象和嘎畢
瘦弱的骨架以及缺了門牙的臉蛋，還真是有巨大的反差。

　　以威廉斯的「主流社會秩序」（the "dominant social order"）
概念來解釋，少數族裔所組成的「落水狗」少年幫派，代表的正

是針對當時（1940年代）澳洲國家主體的挑戰。在十九世紀和二十世紀的大部分時間，殖民體制以及主流文化媒體，在政治上與文化上都一再強化白人勢力（例如全國性的報紙 *The Bulletin* 的報頭標語就是「白種人的澳洲」），原住民和非白種人的其他族裔相對弱勢。落水狗的成員，都來自布魯姆這個養殖珍珠的小鎮上長久以來遭受英國白人老闆壓榨的族群：愛爾蘭人、毛利人、馬來人、原住民。相較之下，珍珠少年幫的成員多是白人、英國後裔，除了外號叫「幫派刺客」的俄羅斯後裔鮑里斯（Borris）。珍珠幫與澳洲的種族壓迫歷史脫不了關係的另一個原因是幫主司卡提的爸爸唐納波頓，這個人之所以事業成功，就是因為擁有一顆「冷酷的野心」。用威廉斯的名詞來分析：透過落水狗這個由弱勢族群所組成的團體，我們得以採取「新興的」（*emergent*）角度理解澳洲：不把澳洲當成白人與世襲的財富和權力所構成的主流體系，而是一個跨國族的社會。

《鳳凰龍傳說》的故事起源於中國。希底人（the Hede）想要一統北方，鳳凰龍（the Phoenix Dragon）為了拯救同胞受了重傷逃到南方，遠赴澳洲沙漠尋找砂紙龍（Sandpaper Dragon）醫治傷勢。經由一個女戰士作為中介，砂紙龍把他的神力（*druga*）灌注到鳳凰龍身上，讓他得以復原並回到中國。隨著故事的發展，我們發現說故事的人是浦亞民（Yupman Poe），而故事是講給小外甥女賽鳳（Sai Fong）聽的。他們在前往澳洲的路上說著這故事，當時賽鳳因為得了怪病，正在尋找解藥。到了布魯姆小鎮，賽鳳成了落水狗少年幫的第五位成員，同時也成為

烏比的好朋友。

利用兩隻龍（鳳凰龍與砂紙龍）的會面作為敘事框架，烏比的落水狗系列帶出了華人的信仰體系與澳洲原住民信仰系統之間的衝突和重整。這兩條龍代表的就是威廉斯所講的「殘餘的文化元素」（residual cultural elements）：兩者都源自於遠古的傳說，但是在現今的時代，還保有意義和力量。從人物之間的互動層次來看，賽鳳加入落水狗成為烏比的好搭檔，她們是組織中僅有的兩個女生。賽鳳對這個組織的貢獻，除了來自中國的特異功能，還有她的華人背景所帶來的日常生活技能。

有關澳洲這個國家，常見到的神話／迷思（myth）是：它是歐洲人發現的，然後英國人來此定居。「發現」和「定居」這兩個詞暗示著在被歐洲人發現之前、在英國人定居之前，這地方的存在晦暗不明。第二個迷思是，把澳洲居民和其他族群的往來，簡化為殖民統治，也就是英國人和澳洲原住民的關係。其實對澳洲原住民來講，特別是那些居住在北部的原住民，英國人只是許許多多來到澳洲的拜訪者裡面比較晚到的，雖然他們對原住民文化和生活帶來的毀滅力量最大。例如1853年，澳洲的周邊地區——像今天的馬來西亞、印尼、巴布亞紐幾內亞、美拉尼西亞、中國——早就有人透過航海活動，抵達澳洲北部海岸進行貿易、漁業和文化交流。我們今天從原住民的岩石藝術、民謠和各種傳統都還可以窺見一些跨文化關係的軌跡。

某種程度來講，賽鳳這個角色運用了西方通俗文化裡面常見的中國女性刻板印象：外表柔弱乖巧，必須依靠舅舅浦亞民的保

護。不過，這些印象隨著故事發展一一被打破，賽鳳被塑造成具有中國俠女特質的女孩。她武藝高強，精通法術，在烏比被蛇咬傷的時候救了她的命，還能和動物交談。這些特點讓賽鳳這個角色與通俗文化裡的俠女類似：例如迪士尼動畫影片《木蘭》裡的花木蘭，還有好萊塢電影《臥虎藏龍》裡的玉嬌龍，既有能力又有神秘的異國特質。

　　賽鳳與其他落水狗的互動關係，凸顯出這個小團體的「跨國結盟」本質。有一段情節描述賽鳳邀請其他落水狗一起到鎮上的戶外電影院「太陽戲院」去看電影。1940年代的太陽戲院有著種族歧視的座位規定，類似美國「黑人坐後排」的概念：原住民的座位在後排，亞洲人在第一排，歐洲人則舒服地坐在劇院中間最好的位置。在落水狗這幫人前往電影院之前，賽鳳把烏比打扮了一番，讓她看起來像華人的模樣──立領上衣、梳著包頭、還用髮針固定。烏比這身打扮，除了象徵她和賽鳳之間的友情之外，也暗示一種暫時的、權宜的策略式身分轉換，想辦法規避官方的種族隔離政策。

　　　謝謝你讓我穿這件，真正好。
　　　有需要隨時請便，這是你的了。

　　「真正好」（"proper nice"）是烏比那種怪怪的原住民英語，而賽鳳正確又正式的英語表達，則暗示第二語言學習者講英語時常有的過度拘謹。同樣的，烏比燦爛的微笑和她的肢體表

達（張開的手臂）與賽鳳的姿勢（微微低頭、雙手交疊）相互平衡。這幅跨文化的和諧畫面，強調的不僅是兩個女孩的親密友誼，也呈現她們兩人的差異。

「烏比的落水狗」系列裡的跨國現象，是一種轉化的能量，這股能量期許能夠把澳洲的國家主體從英國的從屬關係中帶離，朝著新的方向進行國族的定義。這個新的路線或方向涵括了五萬年的原住民居住史和原住民文化，砂紙龍這個角色的力量，就是過去原民傳統的象徵，新的路線當然也認可了澳洲原住民與他們的亞洲鄰居和太平洋鄰國之間悠久的往來歷史。在澳洲這麼一個多元文化的國家裡，族群間彼此仍維持著分離的狀況，但落水狗的成員象徵的是跨越了傳統、文化和語言的界線。賽鳳後來用枕頭偽裝自己還在床上睡覺，欺騙舅舅，逃離了他的監護。浦亞民發現時只看到外甥女留下的字條，上頭說：「我很抱歉，舅舅。我已經加入落水狗了。」雖然逃家，賽鳳並不會因此喪失華人的身分，反倒是這樣的行動，讓她加增了落水狗少年幫所代表的跨國屬性。

「烏比的落水狗」三部曲焦點在於不同族群的角色的互動。這部作品勾勒出移動的、流動的澳洲新形象，暗示超越傳統國族界線的潛在可能。《美生中國人》的重點則不在國家或國族，而是在三位年輕華裔美國人的身分認同。故事的當代時空背景，處處迴響通俗文化裡面常見到的華人移民史線索。此外，這本作品訴求的讀者群，也具有跨國面向——故事發生在舊金山，以兩個第二代華僑男孩作為主角（王瑾和他來自台灣的朋友為臣）。這

本圖像小說不僅被譯成中文，後來又出版了雙語版。作為一部華人海外離散文學，《美生中國人》有美國、中國和台灣三地的市場，特別在2007年獲得普林茲獎（Printz Award）的青少年文學獎項後，銷售數字更是直線上升。

　　《美生中國人》利用了三組相互交疊的敘事，講述三位年輕人的故事。第一段敘事以美猴王大鬧天宮，擅闖天庭諸神晚宴的事件起頭。參加宴會的有男神、女神、魔神、妖精等（7），猴王卻被趕了出去。天庭的保鑣圍事告訴他：「你或許也算個王，或許也長生不死──但你終究是隻猴子」（15）。第二段敘事的主角是王謹，一個在舊金山中國城長大的男孩。王謹和父母搬進了白人社區，愛上了一個白人女孩，還和班上除了他唯一的華裔同學孫為臣成為好友。第三段敘事描述一個「初來乍到」的中國佬──欽西──在美國的遊歷。欽西是美國男孩丹尼的表哥，每年要來美國一次，會陪著丹尼去上學，而且每次都讓他在學校非常丟臉。到了本書接近結尾，這三段故事突然匯集在一起，讀者這時發現欽西就是美猴王孫悟空，孫為臣是他的兒子，而那個表面上看來完全美國式的男孩丹尼，竟然就是王謹。

　　這種複雜交錯的故事情節，可以用「變形敘事」的角度來看待。這本視覺小說多次提及玩具變形金剛（transformer toy）。變形金剛是跨國合作的產品，由美國和日本共同開發，在北美洲和亞洲的工廠生產。從小在中國城長大的王謹，童年時代都是和「鄰居街坊的男孩子」混在一起（26），玩伴多是亞洲裔男孩。他們會一起開心地觀賞變形金剛動畫片，然後拿起自己的變形金

剛玩具「開戰」。街角草藥店的老闆曾問王謹：「長大後想做什麼？」王謹回答：「想當變形金剛，因為有能力可以變化外型，例如從機器人變成卡車。」他說：「你看！不只是表面上看到的喔！」（28）藥草店老闆跟王謹的媽媽看法一致，他告訴王謹：「小男孩長大不會是變形金剛啊。」不過，小說就是利用了草藥店老闆的這句話作為預告，果然隨著敘事的發展，王謹後來變成了美國男孩丹尼：「要變成你想要成為的東西很簡單……只要你願意放棄靈魂，就辦得到」（29）。

的確如此，王謹在否認自己的中國血統時就會變成丹尼（194），而在欽西透露自己的真正身分就是美猴王後（212），他又重新變回王謹（214）。這樣的結果暗示：猴王最後接受自己是猴子，王謹也接受自己始終如一的身分是華人。但這本圖像小說對於跨國身分認同的處理，其實不是僅止於這麼簡單而已。普羅西歐‧戴維斯（Rocio Davis）認為這個變形故事的發展「理解、挪用、征服了華裔美國小孩對於視覺上刻板印象的恐懼」（14）。不單單如此，這本小說也提供非亞裔身分的讀者（例如白人讀者）旁觀者的位置，讓他們看到平日看似事不關己、施加在亞裔人身上的種族歧視，以此對美國白人社會平日的反亞洲言行提出批判。

《美生中國人》特別藉著欽西這個角色，指出西方文化歷來多麼誇張無恥地塑造出亞洲人的刻板印象。暴牙、留著辮子、穿著傳統的中式服裝，欽西的造型拐彎抹角地呼應著來到加州和美國西部中國移工的刻板形象，而這正是從十九、二十

世紀以來，長久充斥於美國媒體、卡通和漫畫的亞洲人形象。比較無傷大雅的華人視覺形象有1895年開始出現在《紐約世界》報紙（the *New York World*, 1860-1930）漫畫系列的「黃孩兒」（the Yellow Kid），還有威爾・艾斯納（Will Eisner）《黑鷹》（*Blackhawk*）漫畫裡的人物Chop Chop（飛行員錢翁的外號）。跟錢翁的外型類似，欽西體型圓胖、黃皮膚、圓臉、暴牙、尖耳，講話的時候L和R分不清。和其他漫畫裡的前輩一樣，欽西也是個活力充沛但缺乏自覺的「中國佬」，他的名字欽西（Chin-Kee）的發音，就來自中國佬（chink）這個帶著偏見的字。欽西的故事是以「情境喜劇」（sit-com）的方式表現，在他出現的漫畫格子底部，都標示了罐頭笑聲。在他到了丹尼家的場景中（48），大聲吆喝：「哈樓，阿妹麗卡！」（Harro Amellica!）而丹尼的父親跟在後面吃力地幫他把行李搬進屋內（他的行李外型酷似特大號的中式炒麵盒）。

　　當欽西遇見丹尼的女友梅蘭妮，更是用色瞇瞇的態度，講出毫不掩飾的性別歧視：「這麼美的美國女孩，胸部挺豐滿的！纏個小腳，幫欽西生孩子！」（50）針對欽西的怪異舉止，小說以雙重視角呈現丹尼的反應：表面層次從丹尼的表情讓我們看到震驚和沮喪；但另一方面，丹尼的行為展現的卻是他對種族差異的執著和恐懼（過分恐懼）。他故意很晚才把欽西帶到學校，以為這樣同學就不會看到他；還要求欽西要保持安靜，不想讓自己和欽西的關係受到注目（110）。這一頁的漫畫格利用了圖像小說中並列「同時發生的事」的手法（121），讓我們看到——丹尼

的尷尬程度，其實等同於同學的種族歧視程度，以及欽西的誇張程度。

另一個對亞洲學生的刻板印象要素是：欽西是模範學生，不管在知識或應用方面都比其他同學厲害得多（111）。老師只要問問題，他總是答對，卻造成丹尼的困擾，丹尼還求他不要那麼愛現了。當老師對全班說：「大家應該多跟欽西學習」時，丹尼老大不情願讓大家知道欽西是他的表哥。

欽西的故事凸顯了西方的反華印象與論述，王謹的故事則透露出在視白皮膚為「正常」的主流社會裡，可能出現的微妙地種族歧視方式。讀者一眼就發現，王謹的新學校裡，同學幾乎都是白皮膚。這所「五月花小學」和1620年清教徒前往新大陸時所乘坐的船同名，馬上讓人聯想到奠定美國基礎的開國史。這一連串的漫畫格（30-1）顯示，大人和小孩都一樣，每天執行著各式各樣的種族歧視。例如，老師向全班介紹新同學王謹時，她的親切話語和潛意識的偏見之間是斷裂的。她把王謹說成了江謹，還漫不經心地跟大家說新同學「遠從中國來」。這些都顯示出未經大腦的假設：所有華人都來自同一個地方，他們的名字都差不多，而且毫無意義。當提米大聲說：「我媽說中國人吃狗」，老師一面溫柔地告誡：「提米，現在要乖」，卻又洩露了她內心認定的──中國人是野蠻人──的想法。她說：「王謹的家人說不定到了美國，就不再吃狗肉了」（31）。

不只所有的中國人被一視同仁，在五月花小學的想像世界裡，所有的亞洲人也都被畫上等號。同學們首先認定班上的另一

位亞裔同學中村秀枝（Suzy Nakamura）和王謹有親戚關係。後來發覺不是這樣，於是又編造另一種說法——把進步的美國習俗和野蠻的東方習俗對立，再連結起來。例如：「謠言到處亂傳，說我和中村兩個人已經被安排好要在她十三歲生日那天結婚。」說到他和那位亞裔同學避免受到注意的策略時，王謹非常氣憤：「我們兩個盡量避免接觸」（31）。

　　介紹王謹給全班同學的台詞，後來在介紹孫為臣時，又重複了一次：「各位同學，請大家來個五月花小學的歡迎儀式。歡迎我們的新朋友、新同學村切切（Chei-Chei Chun）。」這時新同學試著糾正老師的發音：是「孫為臣」（Wei-Chen Sun）。接著，他又再次被形容是「遠從中國來的」，但其實，他來自台灣。加拿大學者強納森・多迪（Jonathan Doughty）解讀王謹和孫為臣的關係，認為在某種層次，他們兩人的關係是一則跨國競爭的寓言。當為臣堅持自己來自台灣的時候，王謹心裡想：「一股氣上來，我真想扁他」（36）。多迪的詮釋是：王謹的反應正和中國政治當局對台灣相關事件的好戰論述一模一樣（57）。後來隨著故事發展，王謹和孫為臣兩人有了爭執，為臣提到兩人有共同的祖先：「我們是兄弟，王謹，我們流著同樣的血」（190）。多迪指出為臣的用字用詞「令人想起許多中國的官方呼籲，強調海峽兩岸的⋯⋯共同傳承」（58）。

　　多迪對於《美生中國人》的解讀焦點放在這部小說如何「在跨國的脈絡裡⋯⋯定位族群議題」（59）。我稍早曾提到，圖像文學通常使用一般人耳熟能詳的誇張形象來描述族群，便利讀者

從一格格、一段段的圖像，快速追蹤情節的發展。但我們也要記得，這些誇張的形象並不具有普世性，不同的讀者可能接收的方式和接收到的訊息會不一樣。例如，「烏比的落水狗」系列的時空背景是1940年代，當中所描述的種族歧視和種族暴力對生活在二十一世紀的讀者而言，已經不是真實的存活經驗。除此之外，小說對於布魯姆小鎮社會情況的處理，經常納入歷史事件的影子，例如十九世紀和二十世紀初澳洲當地的反亞洲情緒。正因為如此，賽鳳這個角色作為中國女孩的代表，可以有各種開放的詮釋。舉個例來說，她也可以被視為退步落後的角色：端莊柔順又對權威卑躬屈膝，因此可以說是她的家鄉中國的一個負面例子。中國在「烏比的落水狗」系列裡，是個位於世界另一端的遙遠地方，可是另一方面它又存在於賽鳳身上。當文本從被生產的地方出發旅行到他鄉時，他們就和原來的讀者群的背景知識脫鉤了。在新的地方，另一群讀者會帶著自身的知識進行閱讀。

《美生中國人》以相當現代的筆法，描述歷史上的跨國現象或當代的跨國主義，但是它一樣擺脫不了書裡呈現的那些誇張角色在世界各地，可能招致不同的讀者反應。華人學者劉葵蘭描述了中國人對於《美生中國人》的反應，她討論了小說的人物塑造——欽西、美猴王。劉葵蘭說美猴王在中華文化裡面是個多麼具有影響力的人物，中國讀者看到楊謹倫小說對孫悟空的顛覆性改寫，心裡五味雜陳：

　　對許多中國孩子來講，閱讀《西遊記》是成長過程當中

不可或缺的經驗……在很多中國人的眼裡，美猴王代表
了象徵美好特質的理想英雄——高超的武藝、正義感，
對主人的忠誠、對最高權威的挑戰——這些都和中國傳
統價值契合。孫悟空的形象在中國文化當中經過長期的
淬鍊：口傳故事、戲曲、民俗藝術、書寫故事、漫畫、
動畫。中國人還沒準備好接受一個全然不同的顛覆版本
的美猴王。（119）

　　劉葵蘭更進一步點出較複雜的觀察。她認為中國讀者「尚未
被訓練好如何閱讀漫畫和政治諷刺」（119），在中國沒有類似
《美生中國人》這樣的出版品。此外，欽西這個角色喚起熟悉於
十九世紀和二十世紀初，中國移工在美國遭受到歧視的人的歷史
記憶。於是，欽西這個角色是個不受中國讀者歡迎的提醒，因為
他讓讀者在當代美國的新形態小說裡面，再次遇見舊時代的種族
歧視。

　　這些代表殘餘文化元素的人物，例如「烏比的落水狗」裡的
鳳凰龍，《美生中國人》裡的美猴王，現今仍然活躍，並且有能
力顛覆或挑戰主流文化。和所有傳說裡的角色一樣，他們在新的
敘事裡出現，因應故事的情節發展，也開放不斷被重新詮釋的可
能。鳳凰龍是鳳凰和龍兩種中國吉祥物的混合體。鳳凰龍是故
事裡兩頭神獸當中比較「年輕」的一隻，為了解藥，他必須遠渡
重洋從中國到澳洲沙漠。這樣的安排提高了砂紙龍的地位，因此
加強了澳洲原住民知識和祖先傳統在故事裡的重要性。當這兩個

代表古老文化的神獸見面時，是澳洲砂紙龍運用他的神奇力量醫治了鳳凰龍的傷勢。此外，鳳凰龍必須大老遠跑到沙漠拜訪砂紙龍，因為砂紙龍的身分與力量來自他所屬的那片土地。

不過，砂紙龍並不是澳洲原住民傳說裡的神獸，不像常出現在澳洲各地傳說和各種原住民語言裡的彩虹蛇。砂紙龍基本上是作者的新發明，靈感來自不同版本中原住民故事裡的巨蜥。藉著發明新的神獸，麥肯納擺脫了使用澳洲原住民「夢世紀」的傳統神話（dreaming traditions）可能帶來的複雜糾葛。對照之下，楊謹倫改寫孫悟空這麼個家喻戶曉的人物，免不了立即受到質疑，特別是關於他的詮釋是否到位的問題。

《美生中國人》有個最令人震驚的面向，與楊謹倫在故事裡加入猶太教和基督教元素有關。孫悟空練成了十二門派的功夫之後，獲得了與萬神之王「自有者」（Tze-Yo-Tzuh）會面的機會。雖然自有者有著中國人的面容，然而他留著長鬍鬚和長髮，手上拿著牧羊人的手杖，這些都類似舊約裡的神。而且這位自有者竟然還用了類似聖經‧詩篇139章的經文和猴王孫悟空說話：

詩篇139

耶和華啊，你已經鑒察我，認識我。

我坐下，我起來，你都曉得；你從遠處知道我的意念。

我行路，我躺臥，你都細察；你也深知我一切所行的。

耶和華啊，我舌頭上的話，你沒有一句不知道的。[2]

自有者的話語

我已找尋你的靈魂，小猴子。

我知道你最深處隱藏的意念。

你坐下、你起來，我都知道……

甚至當話語還沒有到達你的舌頭，

我沒有一句不知道。（215）

　　《聖經》經文與自有者的話語之間的相似，讓自有者具有融合的身分認同，在他的身上，佛教、猶太教與基督教的論述重疊交會。更引人注目的是，美猴王在故事接近結尾時，告知王謹他的身分，也同時解釋了他的啟蒙之旅（智慧之路）。他告訴王謹，他已經通過了品德的考驗，在那趟西方之旅中，伴隨著三個智者一路追隨明亮的星星，並帶著禮物要送給一個嬰孩（那嬰兒如同西方描述中白皮膚的嬰孩耶穌；215）。

　　楊謹倫混合以上這些文化元素的手法引發爭議，而麥肯納在處理中國與澳洲原住民傳統時就比較謹慎保守。不過兩位作者都提供了跨國童年的範例，批判種族歧視和以種族差異作為理由的偏見。「烏比的落水狗」裡的賽鳳加入跨種族的少年幫派，與其他成員氣味相投：賽鳳本身是個混合體──既融合了西方通俗

---

[2] 譯註：詩篇139: 1-4，出自中文版聖經和合本譯文。

文化裡的中國女性角色，又具有令人喜愛的中介人物特質，容易吸引年輕讀者的認同。《美生中國人》則藉著故事角色，告訴讀者華裔美國人有好幾種類型。欽西所代表的誇張刻板印象，在華人形象的光譜裡面，占據了極端的位置，而完全棄絕華人特質與外貌的丹尼，也占據了另一側的極端位置。王謹與孫為臣兩個人則座落在中間的位置。在《美生中國人》這本書的最後一格漫畫裡，兩個男孩一同坐在490號小吃店，喝著泡沫紅茶。作為華裔美國人，他們兩位的身分認同絕不是固著不動的，經過了種族歧視與自我否定的過程，他們讓讀者看到：個人的身分認同既有著一個綺麗的前景也是一個歷經種族主義和自我否認之後，使主體性的生成成為一場未竟的追尋。

全球化時代的亞洲兒童文學：在地、國族與跨國軌跡*

莎曼妮·派翠西亞·加百列（Sharmani Patricia Gabriel）

吳玫瑛　譯

前言

　　市面上有各類型專門為兒少讀者而撰寫的童書，或是以兒少讀者為銷售對象的作品，包括小說、詩歌、知識性讀物、圖畫書、圖像小說、動畫、電玩、電影、數位文本以及多媒體。自從民俗學的興起和十九世紀兒童文學的發軔以來，關於兒童文學以及上述其他文化形式的研究分析，在最近幾十年中可謂重新獲得了重視。

　　舉例而言，在西方和亞洲各大學中，兒童文學的研究愈益受到關注，而這現象不僅存於大學部，也可見於碩士班和

---

* 原文題目為 "Asian Children's Literature in a Global Age: Local, National, and Transnational Trajectories"，發表於2019年3月16日於國立成功大學臺灣文學系舉辦的「亞洲跨國文學、記憶與童年」學術工作坊（"Trans/national Literature, Memory, and Childhood in Asia" Research Workshop），本文為工作坊的主題演講和

博士先修班（M. Phil level），兒童文學研究興趣的再度勃興（resurgence），由此可見一斑。兒童文學作為國際認可和受人推崇的研究領域，最佳的例證，莫過於英國劍橋大學教育學院在近年設立了兒童文學研究中心（the Centre for Research in Children's Literature）。即使兒童文學讀本在大學系所開設的課程中是用於第二語言習得（second language acquisition），這些文本也可以在課堂上提供參照，據以討論更廣泛的民族文化、性別、身分、倫理等課題。我所任教的馬來亞大學（Universiti Malaya）英語系的大學部課程，也提供了兒童文學選修，但著重馬來西亞本地的作品，範圍溯及早期生成的民間故事，同時也涵蓋了較為當代的小說和短篇故事等（次）文類。

　　本文所指稱的兒童文學其範圍十分廣泛（例如可包含前面所說的各種文化類型）。兒童文學的基本功能就在於可幫助兒童認識所處的社會和文化環境，並且對社會中的權力運作和道德規範有基本的了解。兒童文學作為一文學類型，其重要性除了在於對兒童及青少年的情感、社會和智力發展扮演著關鍵角色，另方面也在於其實踐了文學最擅長之事——亦即，挑戰或質疑社會的規範和價值觀，並且經常對社會樣貌提出了另類敘事和觀念。

　　兒童文學如同其他研究領域一樣，是個動態且不斷發展的領域。其中一個新興的趨勢，是探討兒童故事中的文字敘事與圖像敘事之間的關係；隨著越來越多的兒童文學文本被改編和翻譯，而後從文本散播到螢幕上，圖與文兩者的關係在許多方面變得密不可分。書本和視覺媒體之間訊息傳遞的關聯性，已愈益密切。

這主要歸因於現今傳播科技的快速發展、多樣化的市場運作、大眾口味的改變，以及相關文化產品相對廉價和容易取得。凡此種種無疑幫助了兒童文學各式文本的國際流通。

可是，儘管有不少亞洲兒童文學作品在西方市場受到了廣泛的關注，例如，雙雙屬非主流文化（counterculture）的日本動畫和漫畫；然而，事實上，大多數的亞洲兒童文學，即便價值非凡，卻未獲得應有的關注，或是得到足夠的評論，也沒能藉由任何管道進入西方。

西方國家，尤其是英語系國家，挾其強勢經濟和文化霸權，使大型商業集團諸如迪士尼和皮克斯電影，以及哈利‧波特系列書籍所營造的形象，受到廣大歡迎並深具吸引力，而這些形象已經成為全球、國際或普遍性象徵，以代表兒童和青少年。

同樣值得注意的是，美國企業集團挪用中國民間故事素材，以此作為手段進入全球（華人）市場。舉迪士尼為例，打從其製作第一部動畫長片開始，向來是以利用（濫用）各地民間故事和傳說作為其企業形象和議程所用——以及賺取財富利益，而且經常以「文化真實性」的權威作為幌子，以此行銷自我品牌，自詡為「永恆經典」的創造者。迪士尼1998年製作的動畫電影《花木蘭》（*Mulan*）即是個具體例子，這部動畫片的故事內容源於羅伯特‧聖叟斯（Robert San Souci）所著的《花木蘭：一位女勇士的故事》（*Fa Mulan: The Story of a Woman Warrior*），然而這兩個文本（電影和童書）本身即是改編自〈花木蘭〉（"Ballad of Mulan"）這首可追溯至中國南北朝時期的古老詩歌。花木蘭

（作為童話中謀求自我利益的公主、女戰士、孝女）這一連串的改變，乃是經由「翻譯」以及藉由種種不同媒介（動畫片、兒童文學、詩歌）的改編而成，之後散播於不同文化或為各文化所吸收，這不免產生了耐人尋味的問題——翻譯在西方霸權中心（a hegemonic West）的文化議程中作為倫理方案（ethical project）的問題。

就這點而言，更耐人尋味的是迪士尼在《花木蘭》中進行文化（不當）挪移的做法被視為基本上極具剝削和帝國主義色彩（Giunta 156）。原先的「樂府」（ballad）呈現出中國的理性精神、家庭孝道、效忠情懷，以及以華人文化所重視的集體意識為本的另類女性主義典型。迪士尼的版本與此相反，是以個人主義為依歸，既強化了早已存在的種族和性別意識形態，同時也異化並貶低原始文本所呈現的文化。

在權力關係不平等的脈絡下，類似的失衡現象也存在於兒童文學的學術研究上；相較於西方兒童文學研究的蓬勃興盛，亞洲兒童文學的研究就顯得相當有限。全球的再現和學術的認可歷來是以西方觀點為中心，往往被歐洲中心的經典童話故事（Eurocentric Märchen；Märchen是一種民間故事類型，根植於歐洲傳統，具短篇故事形式）所宰制，例如，格林兄弟所蒐集的童話、貝洛（Charles Perrault）童話，甚至安徒生（Hans Christian Andersen）童話也可包括在內。

因此，我們別忘，活在全球化下而仍具有批判思維，就表示我們必須覺知所謂的雙向流動和全球化敘事實際上遮掩了一個事

實，亦即，文化之間的一切交易、地緣政治力量的平衡，以及思想和知識的流動，仍然是失衡地以西方和北方為重。歐洲和英美的兒童文學文化論述依然持續主導全球舞台，而使得其他的聲音和話語在各自的文學和視覺再現場域中，不是受到侵蝕，便是被消音。我們可以借用霍爾（Stuart Hall）的說法：「如果〔亞洲〕是噤聲無語的，歐洲則是永遠喋喋不休的」（232）。

這也使我們想起了薩伊德（Edward Said）四十多年前發表《東方主義》（*Orientalism: Western Conceptions of the Orient*, 1978）中的提醒：東方和西方兩者間的二元對立，是來自於歐洲中心東方主義的想像以及其自然化、階級化和支配性的偏見。因此，思考全球化並對其提出反思，即是要揭開一種朦朧敘事，這樣的敘事經常遮掩了西方英美話語的霸權，而其霸權通常是以流通各國的資本和思想所帶來的無止無盡的交叉共構的影響為幌子。

隨著我們即將邁入二十一世紀第三個十年，像今天這樣的工作坊給了我們另一個機會，可以對這些權力的不平等和不均衡現象進行批判性的反思，並再次申明我們需要將學術辯論和討論的方位「朝向東方」（eastwards）。這是為了促進真正的「雙向」對話和思想交流，並使亞洲在全球化時代的影響力回復到應有的位置，不僅在政治和經濟層面，而且在文化和社會層面。

全球化的事實也意味著我們需要把對於亞洲兒童文學、電影和大眾文化的討論，以及與之相關的學術研究，置放於一個更大的再現場域（representational field）。這點容我稍後再做說明，

這場演講的重點將聚焦三個我認為談論亞洲兒童文學實質而有效的概念：「在地」（the "local"）、「國族」（the "national"）和「跨國」（the "transnational"），這三者都與全球化進程的文化層面息息相關。在這一開始，我希望你們能記住這個問題——兒童文學可以在全球化時代以及新自由主義（重新）建構亞洲之際，扮演何種批判性角色？

消除以歐美觀點為中心的霸權

　　如同其他人文領域的學術研究，歐洲和北美主流的兒童文學研究對於歐洲和美國以外的學術和知識傳統，若非一無所知，便是鮮少關注。進一步而言，我們迫切需要再現（represent）並認可（recognize）自己區域內的文學和電影，亞洲兒童文學作品就全球層面而言，有許多仍未可見。如同過往，我們迫切需要破除以歐洲為中心的學術視野，也要抵拒歐洲文化製品的主導地位，即使有些基本上稱不上歐洲中心。要記得即使是反西方霸權的論述，例如文化多樣性、混雜、多元文化主義和寬容，這些論述大多植基於自由派人文主義的理想，到頭來仍脫不開不平等的權力關係以及「自我／他者」本質主義者（essentialist Self-Other）對待文化他者的態度，由此不斷形塑「種族」和族裔文化的政策性建構。

　　破除或消解西方學術霸權的方法之一，便是指亞洲學者必須從「內部」場域（"insider" locations）著手，我的意思是必須從

鑲嵌於亞洲的文化和政治位置中獲取洞見，而每個位置依其參與者所見，也各有其優先次序。以亞洲學者的聲音和亞洲兒童經驗為前提的研究計畫、工作坊、研討會以及高品質學術著作的發表與出版，將能使學術出版場域從目前以西方歐美為主導的特權位置移轉過來。

　　即使可能並非所有來自西方的學術研究都以歐洲為中心，但重要的是要記得——正如我從前已提過，亞洲的「後殖民」（"post colony"）有其自身的知識重點和關懷所在。尼倫加娜（Tejaswini Niranjana）在《定位翻譯》（*Siting Translation*）一書中指出，「來自後殖民地」的學者不僅在理論上是「後殖民」（"postcolonial"），而且還意識到自己作為知識分子，其寫作的批判位置也來自前殖民地的社會文化和政治空間。因此，在地的學術研究不僅要立足且取材於其自身的主題，而且是要以其自身的理論和方法論立場，自身的範式和認識論以及其以地方為本的童年觀作為基礎。

　　切莫忘記，童年的建構是啟蒙運動的產物，啟蒙運動本身就是以西方為導向的概念。在十八世紀經由洛克和盧梭的影響，歐洲文化產生了理想化的童年以及自我實現的理想，這種美學意識持續在不同的時空推動著關於兒童的文化假設。

　　在消弭或動搖霸權思維的假設時——要留意的是，亞洲學者本身通常難免落入以下思維，亦即認為亞洲社會比西方國家更為保守，因此更有可能生成明確的目標來提倡「亞洲價值」或民族團結，而非其他更關切的問題；有必要記住的是，儘管亞洲兒童

文學可能會受特定的社會文化脈絡所形塑，而具有自身的主導意識形態、政治要點和教育指導方針，但這些作品也經常對其所處社會文化提出質疑和反詰，從而使其社會文化脈絡和價值觀不斷產生變化。

這個要以在地為本（locally-grounded contexts）從事理論批判分析的想法，以便讓亞洲學者可在全球化的壟罩下尋回自身的知識追求和專注研究，並非指要我們「單從亞洲觀點」（"from an Asian perspective"）從事兒童研究。在如今全球化的世界中，這樣的姿態既有違常識，成效也不彰。這樣的做法其實只是重蹈覆轍，僅是以反向方式實踐歐洲目的論（Euro-teleology）。

關於全球化時代亞洲兒童文學的「亞洲」（"Asian"）到底是什麼的問題，就免不了需要了解文化全球化（cultural globalisation）所生成的變化和其中的聯繫過程。確實，當在地實踐回應了全球話語，而全球化的影響也受在地環境吸納，結果就形成「全球在地化」（"glocalization"）──既是全球，也屬在地。這就意味著，雖然我們應該留意全球化的一統趨勢（totalising tendencies），但是我們也應該對全球化進程使地方「得以再現」（"to come into representation"），亦即由全球化的條件提供此可能性，抱持開放的態度（Hall, *Local* 27）。這也就是說，學者們作為社會的一分子，並非全球化由上而下體系中的被動參與者，而是可以「藉由進入全球系統，利用再現、組織及社會改變策略」來自我增能並改變現狀（Ashcroft 93）。也許值得進一步思考的是，知識的全球在地化（glocalisation of knowledges）是否可引導我們積極思考西方**對**（*to*）或**在**（*in*）亞洲可能意味著什麼，反之亦然。

這與史碧娃克（Gayatri Chakravorty Spivak）的主張有些許共通之處，即「全球化要我們做的是改變自身，以成為求知的工具」（xix）。她所提出的解構性認識論框架下的文化和政治議程，既批判歐洲中心的全球主義，也駁斥在亞洲「後一殖民」（the post-colony）中一味強調自身的在地特殊性這般根深蒂固的地方主義。秉持這樣的認知觀點、文化思考和政治立場，使我們一方面能夠審視亞洲兒童文學在第一世界學術作品中所呈現的普世主義和本質主義傾向，另一方面也將我們拉回自身，以批判的眼光檢視存藏於在地知識生產脈絡中的霸權傾向。

揭示「亞洲」

值得稱許的是，亞洲兒童文學學者已致力於鑽研亞洲的文本和脈絡，並關注各自的特殊性和複雜性，以便調整亞洲聲音和觀點在國際舞台上的失衡現象。但是，我們還必須牢記相關課題，亦即對「亞洲」本身的概念和與之相關的文學與非文學的文化多樣形式，以及由此而來的文化假設，予以仔細審視。

亞洲既非單一樣貌，也非一個整體。這意味著我們也意識到，例如，「台灣」（"Taiwan"）和「台灣性」（"Taiwaneseness"）本身就有令人驚奇的內部多樣類別。因此，兒童文學和與其相關的學術研究需要對台灣以及更廣泛的亞洲的複雜性做出回應，同

時也要顧及其不可思議的內部異質性。

在全球化影響下，亞洲傳統家庭組合、社會結構和性別關係隨之產生變化，如今兒童和青少年在國家或國際層面上也屢屢遭遇各種複雜難題；換句話說，亞州的多元變貌使得上述議題更顯重要。

這般思維目的並非要鞏固「亞洲」，而是要把亞洲想像成是一個由許多中心和許多邊緣組成的空間，具有自己的影響力和聯繫網絡，總是變化不斷、移動不止。儘管我們指出「歐洲中心全球主義」（Eurocentric globalism）側重的是穩固不變的主權國家意識，並且強調個人至上，而未能充分認識相互關係（interrelationships）和相互依存，這些有益於促進在不同時空所形成的動態性社會身分認同，但我們還需要對在地「自家人主義」（insiderisms）的狹隘觀念保持警覺，這樣的觀念在亞洲社會環境——包括支配社會的組織和結構以及對其進行研究的學者——可能都還在持續形成。

「跨國」的概念隱喻（concept-metaphor）

如此就進入我一系列提問的最後部分：我們所謂的跨國（transnational）以及跨國兒童文學和學術研究的觀點或概念所指為何？「跨國」概念隱喻的知識重點又是什麼？它如何幫助我們消解以西方認識論為中心，以及「地方自家人主義」（local insiderisms）的霸權式威權？它對我們思考空間、國族和書寫有

什麼理論上的啟示？它如何幫助我們跳脫自身國家利益之外而進行思考？

這些是我們進行研究時要記住的重要問題。

我們的世界正以快速而前所未有的方式進行改變，當今我們需要找到新的範式，使我們能夠超越過往的二元論，不再陷於自我和他人、中心和邊緣的兩極分化，並使我們能夠以更游移且流動的方式形成共同體和典範構成（canon formation）的概念。

跨國應該被視為一種寫作形式和一種思維方式，使我們可以擺脫民族國家範式（nation-state paradigm）的孤立和狹隘。另一方面，跨國超越了啟蒙運動後歐洲民族國家的地緣政治邊界，並攪擾其二元思維。可以說，應該有個馬來西亞（a Malaysia），也有個台灣（a Taiwan），位於民族主義框架以及「種族」和島國地域和地理的主流幻想之外。

跨國避免了舊範式的統一性和僵化性，使我們能夠從多中心、多語言和多元文化的流動和聯繫網絡方面進行思考。簡而言之，跨國是思維和寫作無窮無盡的創作論，是沒有定點或本質的範式。

如同我在他處提及的，「在『西方』之中可以發現『東方』，在『東方』之中也可以發現『西方』」（Gabriel 4）。的確，亞洲陷入了世界上眾多的「非亞洲」「中心」（"non-Asian" "centers"）。跨國思維需要的是專注、靈活度和從他者的視角看待事物的能力。

以我們眼前的亞洲語境為例，跨國兒童文學研究不僅意味

著一方面要使用民族國家框架作為兒童文學文本的分析脈絡，另方面還要以離散、全球和跨太平洋脈絡來檢視台灣自身以及源於台灣的兒童文學文本。這將有助於我們凸顯台灣的經驗、敘述和觀點，卻不致落入僵化的民族國家或民族主義框架——具體的例子有台裔美國人的兒童及青少年收養問題等這類全球「跨種族」（"transracial"）台灣兒童被收養的故事。這樣的框架讓我們注意到不論是在台灣本地，或是在僑居地和其他「非典型」（"non-canonical"）場所和身分及文化生產的語境中，「台灣」和「台灣性」類別的多元異質性。例如，「亞裔美國人」（"Asian-American"）這一身分類別往往抹除了美國文化中亞裔的「在場」（the "presence"，此語引自霍爾）以及亞裔在美國的複雜歷史。在美國，「亞裔」和「亞裔美國人」這兩種身分類別界限分明，而且有清清楚楚的規範——這對典範的形成和霸權身分的建構都無比重要——因為亞裔從不被認為是構成「美國性」（Americanness）的一環，而是分別開來，可以從中分離的。

　　跨國因此迫使我們對美國種族的動態關係進行重新評估，而此動態關係其實早已形成，而且也持續形塑著亞美研究領域。跨國尋求的是亞洲經驗和美國經驗之間的連續性，對跨太平洋的亞美文化生產進行重新描繪，這項任務力求拆除學術領域以及大眾場域中常見的東／西、黑／白二元式霸權論述，使各式存於裂縫中的歷史與身分得以浮現。

　　接受跨國概念即是指我們是彼此的他者，但我們之間也緊密相關，彼此密不可分。這是我們用以摧毀那些由本質主義和東方

主義所建構的亞洲社會的基本所在，那樣的社會大多是神秘而專制的，或者是非理性而不顧一般人的生活概況。這也意味著我們不應該將西方他者化。事實上，跨國概念為我們提供了超越東方主義、地方主義、互不相干和相互排斥的想法。

作為亞洲研究的學者，跨國意味著我們不僅要向內看，也必須對亞洲社會內部自身和彼此之間的思想交流保持開放的態度。我們必須跟上自己國家以外的研究進展，跟上亞洲以外以及全球其他地區的研究發展。重要的是，亞洲學者應建立聯盟，彼此團結，相互「參引」（"inter-reference"; Chen），積極地且用心地傾聽彼此，進而形成區域性框架，在此我們可以進行互動，並從亞洲的相互聯繫（interconnectedness）、交叉點（intersections）、相互關係（interrelationships）以及相互依存中學習。這是超越／跨越侷限的、狹小的和彼此分化的知識生產模式的途徑。

同樣重要的，我們要自我反思自身的學術研究。作為來自南方的研究者，我們的責任也包括對個人的偏見和好惡進行自我批評，以及承認我們的想望、抱負和自身的認識論立場。自我反身性（self-reflexivity）在文學和文化研究的人文學科中尤其重要，在此分析領域中閱讀和解釋的方式經常與再現政治（politics of representation）息息相關。從事自我反思的學術研究意味著要認知自身的批判位置（critical locatedness）以及意識形態立場，以此接受並（重新）理論化知識建構，並且在各自的脈絡中做出貢獻。例如，研究亞洲兒童文學的英語學者，若對英語的認識論霸

權有所覺知,則應該要與華語學者更加緊密地合作,彼此交換意見,進行互動和交流,以發展獨自的比較方法。什麼會是我們一些獨特的方法,可以用來研究文類、虛構性、空間性、時間性、敘事結構、主題和意識形態——包括性別、種族、階級、文化、失能和年齡方面?什麼是我們的相似點和融合點?而如果有的話,什麼是我們彼此的深度差異?我們又該如何在差異中合作?

所有這些都需要深入思考。

結論

至此你們應當了然於心,在這場演講中,與其說我是一名兒童文學專家學者,還不如說我是以一名人文學者的身分來和你們談話。我試圖找尋一個思考和分析的空間,是以「亞洲」在地為基礎,但不受其限制。我相信人文學科,尤其是文學,是批判性思維的最佳監護者。批判性思維是一個知識領域,要求我們不僅在思考上要有想像力並具創意,而且要有批判性,並且能適時依情況而論。

我所提出的兩個重點:調整亞洲兒童文學在全球舞台上的失衡現象,以及建立亞洲傳統,以對外輸出,使其可成為「東方／西方」雙向對話的參考點——這是十分重要的任務,唯有如此我們才能開始迎向更具包容性和倫理性的全球化創作論。

然而,我也十分清楚,全球學術界積極尋求更大的知識多樣性的這項努力,包括我今早這場演講,皆是以翻譯作為媒介。

在跨國社會中，翻譯的確有其必要。我要大家留意翻譯在跨國社會中的重要性，這不僅僅是指文學翻譯——雖然文學翻譯在倫理和思考方面的培養十分重要。在此，我依循米格諾羅（Walter Mignolo）的說法，將翻譯視為跨文化，強調「跨國社會是一個跨越國界、跨越語言和文化的互動社會」（1239）。米格諾羅解釋，這意味著「主修外語和外國文化的人已無法只是精通一個國家的語言及該國的文學和文化；而是**生活在多種語言和文化之間**，在其中琢磨，這樣的專家就如同主修電腦的人士一樣，是當今社會中不可或缺的」（粗體為本文作者所強調；1239）。

這是跨國——場域和表現的「中介」空間（"inbetween" space）——的獨特思想和戰略，這也是我在本次演講中一再闡明的。

以童話和奇幻文學
連結童年與老年*

凡內莎・久森（Vanessa Joosen）

黃惠玲　譯

　　本次的演講中，我將分享童話和奇幻文學與「年齡研究」
（age studies）的結合，這也是我最近研究的領域。在文化研究
和兒童文學研究中，年齡研究並不像馬克思主義、性別議題、後
殖民主義以及酷兒理論那樣的受到世人關注。比起對階級、性
別、種族和性（sexuality）的反思，我們對於年齡的反思明顯不
足，這或許是因為衰老這件事並不限於特定人群，逐漸老去都將
是人人必經歷的過程，由以上觀點可知，我們可能低估了年齡的
文化論述以及在生活中如何看待自己的重要性。年齡歧視若與性
別歧視或種族主義相比，人們似乎對年齡議題不那麼敏感，抑或
是根本無所察覺。洛林・格林（Lorrain Green）將年齡歧視定義
為：「對個體的年齡刻板印象和歧視」。

* 原文題目為"Connecting Childhood and Old Age through Fairy Tales and Fantasy"，
發表於2017年11月25日於佛光大學外國語文學系舉辦的第七屆台灣兒童文學研
究學會國際研討會：「兒童奇幻文學──過去、現在與未來」（The 7th Taiwan
Children's Literature Research Association Annual International Conference: Children's
Fantasy Literature--Past, Present, Future），本文為大會的主題演講。

　　近幾十年來，許多國家／地區人口結構的改變，導致老年人口比例增加，而且相關研究也指出，因為社會結構改變所造成的世代衝突也有所增加，這使得年齡研究成為一個新興且急迫的領域，也是人文研究學者們如今關注的議題。年齡研究刻正蓬勃發展中，橫跨了醫學、法律、人類學、政治學、社會學、文化研究、文學研究和兒童文學研究等眾多領域。年齡研究也被稱為老化研究（aging studies），研究議題從聚焦老年逐漸擴展為探討任一年齡所扮演的不同角色，進而論述文化建構下人類生命的歷程。年齡研究學者認為當人們思考年齡問題時，會過分主張生物學的論述──但是當人們談到年齡或是經歷年齡變化與表現年齡的方式時，文化背景與個人因素其實也扮演著極其重要的角色。

　　童書是兒童學習社會化重要的一環，因此值得研究童書裡面如何教導年輕人所謂的「年齡規範」（age norms），這些年齡規範是指某個年齡層的人所表現的外在、習得的技能和精神狀態。這是年齡意識形態的一部分，它影響著兒童如何看待不同年齡的人，並影響他們自己對於現在、過去和未來的自我看法。反之亦然，年齡研究提供了一個框架來討論兒童讀物中所構建的年齡和生活階段，畢竟童年、青春期和成年之間的區別與過渡期是許多兒童讀物的核心，在兒童文學中我們可以找到代表各個年齡層的主角和配角。

　　瑪格麗特‧古萊特（Margaret Gullette）談到西方文化的老年形象時曾說：「年齡的社會化真是令人驚嘆」（12），儘管許多孩子與老年人（尤其是祖父母）有正面的相處經驗，但媒體

向他們傳達了「年老等於衰弱」的訊息，也就是隨著年齡變老，
生活品質就走下坡。古萊特認為，這是一個「毀滅性的公式」
（7），兒童書裡也有這樣隱含的表現嗎？

　　西爾維亞・亨內伯格（Sylvia Henneberg）是少數對兒童文學
有所反思的年齡研究學者之一，她對兒童經典小說中描述的老婦
人以及其對年輕讀者的影響感到沮喪：

> 沒有故事描繪生氣勃勃的老婦人，世代間的距離增加
> 了，造成了毀滅性的鴻溝。而在這種鴻溝中，年齡歧視
> 和性別歧視任意地彼此強化並相互認同，絲毫沒人注意
> 也沒人控制。（"Moms" 126）

　　亨內伯格分析一系列受歡迎的童話和兒童經典作品後下了這
個結論，也許有人會懷疑這樣的結論是否也適用於其他文類和最
近出版的作品。在本次演講中，我將說明其實現況比亨內伯格的
結論要更多元，兒童文學學者可以從年齡研究中學習以批判性的
觀點檢驗年齡如何被結構化。我將強調奇幻文學和童話改寫的
潛力，它們可以讓年輕讀者反思老化過程，使他們更具**年齡智慧**
（agewise），更了解年齡規範和年齡差異。我將重點放在探索年
齡的三種敘事手法：

1. 以年齡倒置揭露年齡規範
2. 連結童年與老年的跨時空故事
3. 童話改寫修正年齡歧視的論述

以年齡倒置（age inversion）揭露年齡規範

在奇幻文學中允許偏離自然規律，可以改變身體衰老的自然過程，因此有的敘事中，人物可以瞬間變老，也可以一夜間變年輕，或是逐漸變年輕而不是變老。由於可以偏離「正常」的衰老過程，這種「年齡倒置」的敘述使我們反思年齡規範和年齡相關的意識形態。

柯莉雅‧馮克（Cornelia Funke）的《神偷》（*Herr der Diebe,* 2000）就是一個很好的例子。這個故事發生在威尼斯，主角是一群沒有父母的孩子，他們得自己求生。有一個叫西皮奧（Scipio）的男孩來幫助他們，他們稱他為神偷，西皮奧偷來昂貴的物品讓這些孩子們可以變賣來養活自己，事實上，因為西皮奧父親嚴厲的高壓教育，他是一個相當可憐的人物。在小說裡孩子們發現一個神奇的旋轉木馬，這個旋轉木馬可以逆轉年齡：騎上它時，老人可以再次變年輕，而年幼者可以在短短幾秒鐘內長大成人。當西皮奧知道了這個旋轉木馬時，就決定放棄自己的青春以換取成年，因為對他來說，成年意味著擁有自由、自主和尊重。西皮奧無法理解為什麼兩個成年人會想做相反的事，他對成年人想再次成為孩子的幻想表示蔑視。由此可知，西皮奧蔑視的是西方社會喜歡年輕拒斥年老的年齡歧視，還直擊了象徵著這個歧視的代表人物——就是詹姆斯‧馬修‧巴里（J. M. Barrie）創造的那個不想長大的男孩彼得潘：

我們都讀過彼得潘的故事，你知道嗎？他是一個蠢蛋，而你和你的兄弟也想和他一樣，要把自己變成孩子，這樣大人們就可以再一次使喚你，嘲笑你！……我想長大！長大！長大！（310-311）

　　馮克的這本小說挑戰了西方文化的兩個傳統觀念：第一是在人的生命中，年輕人階段比起成年更為重要，第二則是生命會逐步發展成理想的成熟模樣。取而代之的是，西皮奧被賦予了快速的轉變，通過這種轉變，他立即獲得了賦予他自由的成年身體。這樣的年齡倒置在兒童讀物中並不罕見（參見Lehtonen），但是馮克選擇比大多數書籍更為激進的結局，通常故事的結局會讓一切恢復正常，主角會恢復到原來的年齡，但是在《神偷》中，旋轉木馬損壞了，年齡倒置也無法恢復了，然而正因如此，這樣就沒有理由讓故事重回對童年的浪漫渴望。在本書的結尾，已經變成大人的西皮奧住在威尼斯，自稱是「幸運的西皮奧」（Scipio Fortunato；387）。

　　《神偷》書中對邪惡人物的懲罰也強化了成年期比兒童期更有利的觀念。故事中有一個叫做巴巴羅薩（Barbarossa）的古董經紀商人，他是孩子們的敵人，他跟孩子們購買贓物但卻常常欺騙他們。像西皮奧一樣，他也坐上了神奇的旋轉木馬，他也變了，不過卻是成為了一個幼兒。這明顯是一種懲罰：因為他變成了一個蹣跚學步的幼童，收養他的女士對他呼來喚去，他失去了房屋和金錢，還成為其他孩子的笑柄。因此，跳過童年要比重新

變成幼兒再活一次更好；這個故事對理想化的童年、渴望永恆的青春或回歸童年表達了高度批判性的反思。

安東尼‧布朗（Anthony Browne）在《大寶貝》（*The Big Baby*, 1993）中也表達了類似的批評。這本圖畫書以年齡規範為其明確的主題，故事是這樣開始的：「每個人都說約翰的父親看起來很年輕。」主角的父親偏離了對他年齡和生命階段的社會期待，這種偏離來自於他的服裝和髮型，「色彩鮮豔的服裝和牛仔褲，還有長長的頭髮和漂亮的髮型」，這是屬於「年輕」的類型，至少書上這個成年人的理解是如此。這些應該屬於年輕世代的符碼，隱含讀者能立即理解這是年輕人的標記，但同時他們也能確切地辨識這本書應該是1990年代的書。顯然地，不同時代的年輕文化是不一樣的，而且很快就會退流行。其他代表年輕的符碼還有「非常吵的搖滾音樂」（例如在書中，父親彈奏著空中吉他）和娛樂方式，比如玩撞球。父親臉上有年輕人才有的那種不屑的微笑，這是一種自滿和以自我為中心的表徵。約翰的父親在整本書中都被標記為所謂的「kidult」（還沒長大的成年人），他為此受到嘲笑。與布朗的其他圖畫書一樣，背景插圖總是充滿了象徵意義，父親在彈奏空中吉他時，後面的時鐘顯示相反的數字，時間並沒有循規蹈矩的往前走，就像父親偏離了正常成年人的軌道，但是，這故事並沒有將其視為解放的一種形式，而是將之視為愚蠢的，甚至是病態的。父親小窩裡的電視螢幕上顯示了彼得‧潘（Peter Pan）的圖像，那是影射彼得‧潘症候群（Peter Pan syndrome）：一種在心理上拒絕成熟的症狀。儘管這個概念

所依據的傳統模式可能是過時的，但是兒童文學中仍然強烈認同一旦成為父母就是大人，要有責任感又能同理別人（尤其是兒童）的需求。正如年齡社會學家哈里・布拉特（Harry Blatterer）觀察到的那樣，「這是一種有默契的共識，**責任**和**承諾**是文化詞彙中賦予成年這個詞的中心概念」（16；粗體為本文作者所強調）。兒童讀物通常會認可那些成年後的年齡規範，尤其是提到父母親的時候。約翰的父親喝了一瓶「elixa de yoof」之後，奇蹟般地變成了一個嬰兒，但這並不能改善他與兒子的關係，因為「像往常一樣，父親似乎對陪約翰玩耍不感興趣」，這是非常明顯的責備語氣，父親被塑造成一個不成熟、自私、無責任感的人。對比之下，約翰的母親則完全相反，她成熟而充滿愛心，具有幽默感且寬容大量，她充分符合社會和心理規範下成熟成年人該有的表現。《大寶貝》透過嘲笑拒絕成熟的父親來強化這樣的年齡規範。

正如桑娜・萊頓寧（Sanna Lehtonen）所說：「在民間故事中，年齡的變化常常代表一種獎勵或懲罰：返老還童是一種獎勵，未老先衰是一種詛咒」（43）。然而，《大寶貝》的轉變是如此突然和極端，以至於破壞了這種模式。就像《神偷》中的古董店老闆巴巴羅薩一樣，約翰的父親因為不成熟和對永恆青春的渴望而受到懲罰，被返回到嬰兒期，小嬰兒的他看起來很可笑，也必然還會再經歷痛苦和屈辱。「年輕」時的他臉上常有的不屑表情，變成嬰兒後，他的臉部表情就只有沮喪了。

約翰的父親在變成嬰兒的最後一段日子時，樣子看起來有氣

無力、非常脆弱，約翰的母親抱著他上床睡覺時，他緊緊地抱著她。在那時，父親的身體已經逐漸長大，第二天早上他醒來的時後，又變回成年後的樣子。經歷這樣的過程後，有人可能覺得他應該可以接受成年後的自己了吧，然而，當他發現頭上的第一根白髮時，他還是感到震驚。雖然這位父親剛剛才接受過教訓，知道渴望青春的下場，但他也還沒準備好進入中年的階段。儘管《大寶貝》是以幽默的方式書寫，並沒有深入研究角色的心理，這個故事的確暗示了只因為父親拒絕長大，導致兒子被忽視的痛苦，然而這種關係似乎也不太可能改善，就如故事的結局所暗示的，父親的彼得‧潘症候群現在變成了中年危機症候群。因此，這本書強化了哈里‧布拉特（Harry Blatterer）所稱「標準」的傳統觀念：「完全成年」與童年間是有個清晰的界限。正如《神偷》和《大寶貝》所呈現的那樣，「年齡倒置」的敘事特別適合探索社會的年齡觀念，他們可以質疑年齡規範下童年往往被過度理想化，因此，這些故事可以幫助孩子更具年齡智慧（agewise）。

但是反過來說，這些故事中的年齡倒置也可用來強化年齡歧視。正如我在演講開始時提到的，亨內伯格認為西方童話故事裡對人生歷程和老年有著最負面的看法，她認為這會加深年齡的刻板印象，延續年齡歧視的既定觀念，讓孩子對人生歷程的理解有負面的想法。

亨內伯格得出的結論是：「童話故事對女性並不公平，對年老婦女尤其糟糕。」她認為這些女性角色都侷限於「邪惡的老巫

婆、無私的教母或癡呆的老太婆」（128）。當西方童話故事被
改編成電影時，又更強化了故事裡年齡歧視的表徵。迪士尼改編
自《長髮公主》的《魔法奇緣》就是一個很好的例子。

　　迪士尼在格林兄弟的童話故事《長髮公主》中添加了類似的
場景，原來的童話故事中，葛索媽媽囚禁長髮公主的原因與年齡
無關，但是在《魔法奇緣》中，對年老的恐懼成為故事的中心思
想，恐懼變老成為所有邪惡的源頭。儘管葛索媽媽被塑造成行為
偏差的人，她並不畏懼於說謊、偷竊和欺騙，然而卻在聲音中呈
現出她對於變老變醜的害怕。這部電影將老化過程詮釋成令人討
厭、令人毛骨悚然的狀態。電影結尾處，葛索媽媽用破裂的鏡子
照自己的這一幕非常重要，這一幕一方面讓《魔髮奇緣》與另一
個童話故事《白雪公主》相呼應，在這個童話故事中，害怕變老
同樣是故事的動機。另一方面，從年齡研究的角度來看，它可以
解釋凱瑟琳・伍德沃德（Kathleen Woodward）所指的「老年的
鏡像階段」（The Mirror Stage of Old Age）的象徵：

> 隨著年齡的增長，我們越來越將真正的自我與身體分
> 開。我們說，我們真正的自我——年輕的自我——隱藏
> 在我們的身體內。我們的身體變老了，但我們心是年輕
> 的。因此，老年可以描述為身體與自我對立的狀態，我
> 們與自己的身體異化了（alienated）。（"Mirror" 104）

　　在《魔髮奇緣》中，葛索媽媽找到了一種方法來阻止她的身

體衰老，當咒語被破壞、她的身體自然變老的狀態已經無法避免時，她無法面對鏡子中的自己；然而，好像迪士尼也在努力保護觀看者不要看見她衰老的身體一樣，我們只能透過鏡子上的裂痕瞥見她，之後她立即被隱藏在一個斗篷中離開我們的視線，好像老人的身體是不堪入目的。儘管有人可能會說，正是大家都擔心衰老才造就這一幕幕不自然、令人毛骨悚然的場景，但這些場景其實也是靠著刻畫這些衰老現象，例如白髮、皺紋的臉、瘦骨嶙峋的手等等讓情節往前推進，更加深抗拒變老的想法。

連結童年和老年的跨時空故事

如果要尋找更正面的老年形象，跨時空的敘事提供了許多有趣的例子，這些例子顛覆了年齡限制的規範，讓不同世代的成員建立有意義的連結。很多兒童讀物的故事裡都有祖父母或其他年長的人物，他們花很多時間陪伴孩子們還有講故事。例如，在菲利普‧皮爾斯（Philippa Pearce）的經典作品《湯姆的午夜花園》（*Tom's Midnight Garden*, 1958）中，老巴塞洛繆太太和男孩湯姆一起玩耍，儘管他們的年齡相差了兩個世代。在《綠丘上的孩子》（*The Children of Green Knowe*, 1954）系列小說中，主角托利遇到了幾個世紀以前的孩子，這還得感謝瑪麗‧巴卡洛（Mary Buckalew）所說的「全球時間」（Global Time; 182），這概念認為不同的時間是同時進行的。這些小說中有個中心思想那就是一切都可以倒轉，因此「過去」仍然可以與「現在」互

動。埃莉諾‧法讓（Eleanor Farjeon）撰寫了許多短篇小說，以此種處理時間的方式讓孩子和老人之間建立特殊的連結。

　　藉由非線性時間概念連結童年和老年，最明顯的例子是法讓的〈與兒時自己共舞〉（"And I Dance Mine Own Child," 1955），故事陳述一個十歲女孩葛絲達和她曾祖母之間的關係，他們兩人有很多共同點，故事如此陳述：

> 他們之間的差異沒有你想像的那麼大。如果葛絲達曾祖母的年紀是十歲的兩倍，三倍或是四倍，那就會有很大的不同，因為當你二十歲、三十歲或四十歲時，你的感覺與十歲時是截然不同，但是100是個不錯的整數，因為它又繞回一個原點。因此，十歲的葛絲達似乎離祖母十歲時很近，雖然相隔100年，但卻非常相近。（216）

　　這裡描述的循環時間概念，將年輕人和老年人聚集在一起，形成一個圓圈，結果是，曾祖母感興趣的事跟十歲的孩子一樣。法讓在〈與兒時自己共舞〉中描述的循環時間概念將老年人和年輕人聯繫在一起，但兩者之間的世代被排除：也就是其他成年人並不贊同老祖母和葛絲達女孩之間的關係，他們認為年老的女人不適合或不勝任養育一個小女孩。

　　其他將童年和老年連結在一起的故事中，兩者之間的世代不是被略過就是比較無趣，他們有時甚至完全貶低了年輕人和老年人所珍視的生活特徵，例如：幻想、講故事和遊戲。

　　古斯‧奎耶（Guus Kuijer）的最新作品《萬物之書》（*The Book of Everything*, 2004）提供了另一個例子。這本荷蘭兒童讀物場景設在1950年代，九歲的托馬斯（Thomas）有一個專制的新教徒父親。故事中年幼的托馬斯有許多超自然的經驗，其中包括了遇見耶穌，有些經驗甚至擺脫年齡的分界。有一次家裡發生了嚴重事故，托馬斯的父親打了他母親，托馬斯從年邁的鄰居阿默斯福特夫人（Mrs. Van Amersfoort）那邊得到喘息的機會，她不僅尊重孩子，自己還保留了一份童心。阿默斯福特夫人擁有各種兒童讀物，有些書可能是她長大後才買的，當托馬斯大聲朗讀安妮‧施密特（Annie M.G. Schmidt）的詩句時，他很驚訝這個老太太聽到童詩時所表現出來的興趣。阿默斯福特夫人幫助托馬斯了解到成年人和孩子之間並不是全然的對立，與他被灌輸的觀念並不相同，而她對兒童與童年的喜愛讓托馬斯有另一個超自然的體驗，當他大聲朗讀時，他看到眼前的老太太變成了一個年輕女孩：

　　她點了點頭，好像是在說，是的！是！是！就在他不注意的時候，她長出了兩根辮子，還有蝴蝶結和其他東西。

　　　起初，托馬斯不知道發生了什麼事，但沒多久他看到阿默斯福特夫人已經不是個老太太了，而是一個老小女孩，好像她隨時都可能會從椅子上跳下來、抓起她的跳繩。那就是她的模樣。（79）

　　在他的幾篇作品（包括他的論文）中，奎耶批評了那些想遠離童年以獲取尊重的成年人。托馬斯的父親就屬於這一類，阿默斯福特夫人雖然是成年人，但是她很珍惜孩子般的自我，她超越了時間和年齡的界限，進入童年時代的自我，並與托馬斯以成年和童年的形態互相連結。因此，《萬物之書》對成長的線性觀點提出了挑戰，它表明，保有童年心態的成年人可以重拾童年並從中獲得快樂。然而，令人驚訝的是，這種回溯似乎只為老年人而設，並不向中間的這一代開放，我將在總結時重申這一點。

童話改寫修正年齡歧視的論述

　　首先，我想強調第三種奇幻文學類型，這與解決兒童文學中的年齡規範特別相關：也就是所謂的童話改寫。這是一種在世界許多地方都流行的文類，透過改變傳統童話的情節、敘事特徵和風格，以凸顯更多當代關注的議題。正如我在《童話的批判和創作觀點》（ *Critical and Creative Perspectives on Fairy Tales*, 2011）中所論述的，在這些後現代改寫中，傳統童話的意識形態也得到關注。他們對傳統童話的性別和階級角色進行了修改和諷喻，喚起對傳統故事的批判反思並使它們更適合吸引當代觀眾。這種批判性反思的改寫之所以成為可能，是因為太多人（包括兒童）熟悉原始的文本，就可以與原始文本進行比較。例如，童話故事改寫已被用於教育範疇，使兒童更加了解社會的性別規範。但是，當涉及與年齡相關的意識形態時，童話故事改寫是否也能發揮其巨

大的潛力？

　　舉例來說，在露易絲‧墨菲（Louise Murphy）的《漢賽爾與葛麗特》（*The True Story of Hansel and Gretel*, 2003）中，原本故事裡的那位邪惡的老巫婆被重新塑造成一位拯救了兩名波蘭兒童逃離恐怖大屠殺的老婦人，最後她犧牲了自己的生命，她富有同情心也很機警，將孩子藏在烤箱裡以確保他們的安全。另一個改編自童話故事的是吉莉安‧克羅斯（Gillian Cross）的《狼》（*Wolf*, 1990）。這部小說作品充斥著祖母、兒子和孫子三人間的情感糾結，祖母的愛在面對身為恐怖分子的兒子以及保護孫女中拉扯。雖然故事開始我們看到祖母壓抑與保守的教養方式，還有相當冷漠的態度，但在小說的結尾，顯然她是很勇敢而且機智的——這與原本小貝洛或格林兄弟的《小紅帽》故事中虛弱又被動的祖母相差甚遠。

　　將年齡研究的思想應用到童話改寫的分析中時，同樣重要的是必須了解到這些作品很少是簡單直接的。例如，有一些童話改寫通常會複製一種觀念，那就是隨著年齡的增長，生命會逐漸走下坡，這就是所謂的「童話續集」（fairy-tale sequel）。這些續集中有許多是為了回應原本童話故事中幸福快樂的結局而寫的，尤其是迪士尼的改編故事，最常用來揭露幸福快樂的結局其實只是幻覺。安妮‧謝爾頓（Anne Sheldon）的《白雪公主39歲》（*Snow White Turns 39*, 1996）就是一個很好的例子：

　　　我正在計畫打破一個會說話的鏡子：

錘子和耳塞。但是七年的厄運？

比那個貝蒂‧戴維斯的狂笑更好

每天早上我進到浴槽沒有化妝。

黑漆的黎明，我要將我的顴骨對著光，這樣所有那些光

將無法沖去這些淚軌的陰影。

然後，我會打碎玻璃，開始下棋。

不再剪食譜，燒烤處女的心，我可以告訴你，

或送擠奶女工去餵狼。

不再有狼可以餵，也不再有林木工，

在我們整潔的王國中。我丈夫在玻璃下找到我，我多麼
想念那些林木工。

　　《白雪公主》的續集來自於「中年危機」（mid-life crisis）
的概念。曾經有人認為中年是人生的黃金時期，在西方最近的人
生觀念中，中年則讓人聯想到美、活力、性和創造力的喪失，意
識到衰老過程時經常使人反思以前的成就、所錯過機會和失去的
時間（Green 155）。在謝爾頓的詩中，白雪公主不再忍受看到
鏡子裡的自己，現在鏡子在嘲笑她，而不是稱讚她。她已經變成
了那個邪惡的繼母，考慮要吃處女的心並殺死年輕的女孩，她夢
想著生活中有一個轉折點，但從她的描述方式來看，似乎永遠不
可能。

　　瑪格麗特‧摩根羅斯‧古列特（Margaret Morganroth
Gullette）在她的著作《年齡智慧》（Agewise）中，極力抵拒所

謂的「中年年齡歧視」，她強調將敘事概括為衰老的負面影響，
尤其是當敘事演變成衰老敘事時：

> 無論身體發生什麼，即使什麼事也沒有發生，年老是一
> 種敘事。我們每個人都在講述自己的故事，但是我們大
> 多數人都缺乏足夠的背景知識，不僅是對自身的生理狀
> 況和人生經歷的理解，但是這往往是社會決定了觀看自
> 身的方式。（5）

　　儘管謝爾頓的詩歌挑戰了《白雪公主》的傳統敘事和浪漫故
事，卻沒有質疑中年危機，中年人生階段仍舊充斥著不快樂和不
滿的觀念。在摧毀一個神話／迷思（myth）時，謝爾頓似乎在
強化另一個神話。

　　但是真的是這樣嗎？白雪公主的中年危機非常嚴重，並且符
合中年危機的許多定型觀念，這些都結合了不協調的童話情境和
流行文化。所有這些要素的結合都指向了諷喻──不僅是童話故
事，而且是流行文化中所建構的中年。以這種方式閱讀這首詩，
有可能開啟一種對年齡歧視的批判而不是再生產年齡歧視論述。
要做到這一點，讀者必須具有古列特所說的「年齡智慧」：了解
並批評年齡刻板印象的論述和成見。

　　謝爾頓的詩歌主要針對年齡較大的讀者，那為年紀小的讀
者改寫童話故事又會怎樣呢？這會使孩子們變得更有年齡智
慧嗎？會使他們能夠反思童話故事裡的年齡建構嗎？我想以

分析最近的一個故事來作為此次演講的結尾，這是希拉蕊·麥凱（Hilary McKay）的〈水痘和水晶或白雪公主和七個小矮人〉（"Chickenpox and Crystal or Snow White and the Seven Dwarves"），這是她2017年童話集的一部分作品。正如這短篇故事的標題所表明的那樣，麥凱在〈水痘和水晶〉的部分將魔幻和神秘的（水晶）與既不神奇也不魔幻的（水痘）結合在一起，這提供了改寫世代關係的創意，可以在多個層面上發揮作用，並把玩傳統的年齡觀念。故事的主角是一個正處於青春期的女孩索菲（Sophie），她對即將要參加舞會感到緊張，特別是擔心自己的外表，可以說她符合易怒、易受影響和以自我為中心的青少年刻板印象。索菲有一塊水晶，水晶可以與她交談，而且水晶中索菲的形象比真正的她還要更美麗、更誘人。

　　然而索菲被診斷出患有水痘後，就被送去與她的祖母住在一起。祖母住在一間小屋中，儘管這位老婦人似乎已擺脫了對美的迷戀，不像她孫女那樣，不過她被形容為「也很美麗，就是那種年老的美」（102）。更重要的是，為了顯明短篇小說裡的年齡結構，祖母成為另一種比賽的優勝者，她被描述為「大家都希望能擁有這樣的祖母」（101），由此，作者將她標記為年老的榜樣。索菲在奶奶家中療養時，這位老婦人不僅用適當的藥物和營養品治療她，還跟她講述白雪公主的故事，設法治癒索菲對鏡子的迷戀。她說的故事類似於格林童話的版本，但有一些小變化。隨著索菲能夠將女巫、女王對美的痴迷與自己對美的迷戀聯繫在一起，她承認自己是受了水晶的影響，因此決定擺脫水晶。

　　故事的結尾顯示，索菲的祖母本人就是那個白雪公主，這促使讀者回到故事的開頭，並重新詮釋故事的細節。在故事的最後轉折中，〈水痘和水晶〉提供年齡書寫的原創想法。祖母對美和鏡子的不感興趣最初可能與年紀變老有關，她也許不願意在鏡子中看到自己變老的面孔，這使我想起了我在討論迪士尼《魔髮奇緣》時提到的鏡子。但是，如果我們認為祖母是白雪公主時，那祖母不使用鏡子的意義就不同了，例如，當她聽到年輕的索菲詢問水晶她是不是世界上最美麗的女孩時，我們可以了解祖母的恐懼（104），對於年長的白雪公主來說，似乎她在孫女身上看到了邪惡繼母的特質，這種離奇的經歷促使她講述自己的人生故事作為孫女的警惕。祖母說她從未見過魔鏡，因此可以推論她從未經歷過那種渴望成為世界上最美麗女人的想法。相反，老婦人的特點是務實、腳踏實地的生活態度：

> 「哦，多麼美妙的一面鏡子。」索菲嘆了口氣，有著斑點的水痘、一頭亂髮、穿著皺巴巴的睡衣，上面還有覆盆子塔的碎屑和一大片的茶水漬。
> 「你難道一次都不想看嗎？」
> 「當然不想！」
> 「它可能會說你是最漂亮的祖母！」
> 「那又怎樣？那會使我的紙天鵝做得更好嗎？」（112）

　　敘述者對索菲的描寫頗具諷刺意味：她渴望成為世界上最美

麗的人，但是她並沒有意識到自己現在看起來跟她堅持的完美標準根本無法相比。但是，以祖母務實的標準來看，對這個生病的女孩來說，她看起來相當不錯。祖母也繼續教索菲如何製作紙天鵝，以分散她對美的注意，並讓她知道外表只是她的一部分而已。

〈水痘和水晶〉並沒有完全擺脫年齡歧視的刻板印象。年齡評論家可能會說麥凱故事中的祖母符合有智慧的老婦人的刻板印象，儘管這看起來像是正面的形象，但他們更是強化了老年人可預期和可以容忍的行為類型其實只有那麼幾種。

根據凱瑟琳・伍德沃德（Kathleen Woodward）的觀點，智慧「幾乎總是被理解成是一種平衡的反思和判斷能力，這是需要長期的經驗累積」，還有通常會「缺乏某些情緒，例如熱情，包括憤怒在內」（"Against Wisdom" 187）。伍德沃德擔心，對智慧的理想觀念裡，容不下強烈的情緒，尤其是憤怒——當老年人表現這樣的情緒時，常被視為是無理取鬧，甚至是病態的疾病或失憶症的徵兆。照這樣看，令人失望的是〈水痘和水晶〉中的祖母從未生氣過，這個故事也完全沒有衝突，而且祖母完全符合上面勾勒出的理想老人形象：一個盡情享受生活、講故事和關心孫子的祖母。這種智慧長者觀念的第二個問題是，這個人被迫沒有自己的需求或是擁有自己的生活：他們的存在似乎只是為年輕一代服務。起初，索菲的祖母就是這樣，她的整個工作都圍繞著照顧索菲，就像我提到的許多穿越時空的老年角色一樣，他們的存在似乎只是為年輕角色提供服務，並在過程中幫助他們成長，這

種窄化的觀點在兒童文學中並不罕見。讀者閱讀這些以兒童角色為重點的兒童讀物，我們只能得到兒童的觀點，唯有當（事件）與兒童本身有關時，他們才可能會對成年人的生活感興趣。索菲似乎也是如此。儘管她偶爾會問祖母一些個人問題，但這些問題都與她自己想成為王國中最美麗的想法有關。

　　但是之後，故事有了不同的轉折，因為這位老婦人竟然是之前的白雪公主。　她一直在告訴她孫女的故事竟然是她傳記的一部分，這使她的角色更加立體：我們了解到她長大後的孤獨，經歷過強烈的恐懼，然後在七個慈愛的小矮人陪伴下茁壯成長。索菲也清楚地知道，祖母的生活中有一部分是她自己一無所知的：例如，她與七個小矮人還保持聯絡，並且仍會去探望他們。儘管麥凱在這部分的情節描述得很簡短，但仍然可以看出其提醒人們注意到孩子們對老年人所持有的有限觀點，以及這個老婦人的生命不僅僅是為年輕人服務的。此外，這個故事還提供了年齡評論家在有關老年文學的文獻中很少發現的東西：也就是所謂的「進步敘事」（progress narrative），與衰弱敘事相反。在我之前引用的安・謝爾頓的詩中，白雪公主的幸福結局只是短暫的，麥凱的續集讓我們知道她遇到王子後仍然過著美好的生活，而年老之後，她並不沮喪和憤怒，而是充滿快樂和自信。她與女兒和孫女有著良好的關係，這表明她擺脫了鏡子的詛咒，也就是女性敵對競爭的詛咒，她發現了生命中還有比成為世界上最美麗的人更令人滿意的事。

結論

　　奇幻文學和童話故事有很高的潛力可以使年輕讀者反思年齡並增長年齡智慧，而且在各個次文類中都可以找到好的例子。故事中的超自然層次可以用來揭露年齡規範，並挑戰對於年齡先入為主的觀念，儘管我也已經表明，這樣的改寫也可能會繼續傳遞年齡歧視者對年齡的刻板印象。最後，我想作總結性思考，希望可以對這些主題作進一步研究。

　　首先，在考慮年齡時，重要的是要注意我的分享中提到的許多文本與童年和老年的正面觀念是相吻合的，但是對中年則持負面的態度。中年人通常不在故事中，或者被認為是缺乏想像力、膚淺、自我迷戀甚至會虐待別人的人。這些文本雖然努力想扭轉老年歧視，但也冒著建立另一類刻板印象的風險。如果我們真的想利用兒童故事進行世代對話，就必須注意這種可能。但是我也想強調，要正確描述敘事如何塑造、維持和挑戰這些關於年齡的論述，我們的研究分析當中也要顧及到敘事結構運作的方式，我們不應該只看所有文字表述的表面意義。畢竟，在對年齡的探索中，故事還有著模仿、諷刺、矛盾等不同張力，這是文學學者（包括兒童文學學者）可以提供很多專業知識的地方。

　　其次，我想強調年齡是一個多元化的概念，與一個人的性別、種族、文化、宗教、性取向、階級等等相關，民族和文化差異需要進一步介紹和探索。在全球化的世界中，本地和全球並不是分開運作，而是相互作用。在本次演講中，我專注於文學，然

而其他媒介在這議題上也有一定的表述，各種媒介使用各自的方
式（通常是視覺手段）來生產年齡敘事和規範。而且，各個國家
在塑造年齡方面都有自己的傳統。例如我從村井真子（Mayako
Murai）那裡了解到，在日本，許多流行的童話故事都有一位年
長的主角，而在西方，童話故事中的英雄人物通常都是年輕的，
而情節則更多地集中在求愛和婚姻上。

　　最後，還需要進行更多研究的是，了解不同讀者對這些年齡
規範的反應。畢竟，兒童讀物有來自各個年齡層的閱讀者和觀看
者，他們不僅閱讀這些書，而且會根據他們的經驗和生活觀點共
同闡述關於年齡的論述。

青少年文學與成長

Young Adult Literature and Coming-of-Age

「生命當中哪有護欄？」杰森・萊特曼《鴻孕當頭》和李察・林克雷《年少時代》裡的成長與回首[*]

大衛・洛德（David Rudd）

古佳艷　譯

　　人生是透過好幾種方式建構起來的，比如說不同的成長階段，最明顯的可能是「青春期」，一個用來劃分與解釋童年和成年差異的階段。然而，潛在的賀爾蒙波動總是浸潤在文化標籤裡，「青少年」這個詞，往往指的就是那群介於童年與成年之間的「怪咖」（既不是孩子，也不算大人）。當代許多電影以啟蒙經驗或成長事件作為主軸，讓主角從一個階段（童年）跨越到下一個階段（成年），令人一點兒都不訝異。這些電影裡，常見的成長事件包括失去童貞、畢業、結婚等等。像《留校察看》（*Porky's*, 1982）和《美國處男》（*American Pie*, 1999）就是以告

---

* 原文題目為"'Life Doesn't Give You Bumpers': A Coming or Going of Age in Jason Reitman's *Juno* and Richard Linklater's *Boyhood*"，發表於2016年11月19日於東海大學外國語文學系舉辦的「兒少文學與表演」（Children's and Young Adult Literature and/in Performance）研討會，本文為大會的主題演講。

別處男身分作為主題；《火爆浪子》（*Grease*, 1978）、《等不及說愛你》（*Can't Hardly Wait*, 1998）的背景則是高中畢業，而《金法尤物》（*Legally Blonde*, 2001）與《窈窕美眉》（*She's All That*, 1999）的主要角色都是即將畢業的大學生。甚至，直接以結婚作為主軸的電影也不少，例如《你是我今生的新娘》（*Four Weddings and a Funeral*, 1994）和《27件禮服的秘密》（*27 Dresses*, 2008）。這些電影企圖讓特定生命階段的某個層面看起來別具意義。為了符合這個目標，他們時常得刪除個別的主觀經驗與知覺面向，把生命裁切成統一的段落，套用現成的劇本詮釋生命感受。

青少年的例子，從這方面來觀察特別明顯。「青少年」族群，在1950年代以前是不存在的，五○年代由於戰後經濟發展，讓接近二十歲的年輕人逐漸具備獨立的經濟能力，他們在衣著、音樂和生活風格等方面形成了特殊的次文化，成長小說也逐步強調青少年階段在人生中所扮演的關鍵角色。但問題是，塑造生命意義的轉折點，不應該只有這些年少時期的成長事件而已。當代常見的文化敘事，例如性別、階級、族群（只舉這三個常見的大議題就好），也同樣獲得我們的認同，被視為是塑造生命意義的重要元素。以性別為例，主角是男性或是女性，深深左右著成長小說的內容。一般而言，女孩在這類故事裡，大多經歷第一次的性經驗，或被奪去童貞；男孩則是成功地摘了櫻桃（英文厘語的說法），或者晉身處女殺手。不管字面上如何表達，男性是主動出擊的一方（辣手摧花），女性則是被動的接受者（遭遇到惡漢

壓海棠的命運），而且，用來表達男性的詞彙，遠比女性的多很多。我們可以說，大部分的成長小說（與啟蒙小說傳統差不多）是以男性的故事作為內定參數（也就是標準）。走出以男性為中心的觀看角度後，我們可以再進一步注意到其他的內定參數：例如故事的主角絕大部分屬於中產階級、白人，而且是異性戀。

　　內在參數就是標準，就是所謂的「正常」狀況。由此，我們可以輕而易舉地看到成長故事如何建構所謂的「不正常」，以及成長故事在處理不符合樣板規格的事件時，無所適從的窘境。以喪失童貞這件事為例，從LGBT（女同性戀／男同性戀／雙性戀／跨性別）的經驗角度來看，其實沒有重大意義。而且從LGBT的角度，可以促使我們重新思索：「童貞」對異性戀者生命的重要性，是否真如我們以往所想像的？

　　我們等一下會討論兩部電影，觀察他們對所謂「成年」的標準註記如何提出質疑。在那之前，我要先請大家進一步注意一個常被忽略的標準：那就是年齡。前劍橋大學兒童文學中心主任瑪麗亞·尼古拉傑娃（Maria Nikolajeva）創造了一個很有用的名詞，叫做「成人年齡基準」（aetonormativity），就是把成人當作標竿，那些已經達到「充足」狀態的，就算是成年。如此，「長大成人」（coming of age）這個詞指的就是這樣越來越充足、越來越足夠的態勢。相較於成人，缺乏足夠身量、尚未達到圓滿充足的，就會被輕視或貶低。

　　我要討論的這兩部電影算是非常的新，他們都用某種方式顛覆標準的「成年」概念。兩部電影都企圖挑戰我們訴說人生經驗

的方式，指出文化制式規格把我們束縛在偏頗的老套腳本裡。當然，除了點出制式化思維的侷限，這兩部電影還提醒我們：文化敘事對於男性與女性經驗的處理方式，大不相同。我要討論的電影第一部是杰森‧萊特曼的《鴻孕當頭》（*Juno*, 2007）；第二部是李察‧林克雷的《年少時代》（*Boyhood*, 2014）。

　　《鴻孕當頭》從開頭就讓人眼睛一亮。這部電影把傳統成長小說的重點「喪失童貞」這檔事，從敘事的核心轉移到次要的位置，甚至拋到螢幕之外，只出現在倒敘裡，在電影開始之前，這件事就已經發生過了。於是，在片頭字幕出現之前，觀眾看見朱諾盯著沙發猛瞧，但沙發卻不是在客廳，而是奇怪地出現在屋外的草地上。朱諾本身則提著一罐特大號的SunnyD柳橙汁邊走邊喝，看起來不脫稚氣，觀眾可能以為她將和另一半試婚同居。她說：「事情就是從沙發開始……」透露些許的天真，如同歌曲〈熱巧克力〉的歌詞描述的：「事情就是從一個吻開始」，而那個吻，發生在八、九歲兩小無猜的時候。不過，觀眾很快地就知道事實上那個沙發不是那麼單純無邪，沙發在這裡是個換喻（比喻），代表性交的場景。在此，電影的倒敘開始，我們進入了朱諾的記憶。再一次，我們發現和錯置在草坪上的沙發以及朱諾的小女孩形象一樣，我們又被誤導了。人生的第一次這檔事，應該是在傳統的場景中：由男孩主動，侵犯被動的、乖乖坐著的女孩（奪走她的第一次）。然而《鴻孕當頭》卻翻轉了這樣的關係。男孩身體赤裸、坐著不動，女孩的褲子落下，朝男孩步步逼近，騎到男孩身上。女孩褲子上的櫻桃圖案，似乎暗示女孩並不是失

去她的櫻桃，而是故意拋棄了她的櫻桃。接著，等到我們聽到那男孩波利·布利克（Paulie Bleeker）開口說話，男女角色翻轉的現象又再次凸顯。波利的嗓音獨特、聲音高，像女人；此外，波利這個名字，不管是男生或女生（Polly）聽起來完全一樣，雖然拼法不同。縱使波利宣稱：「這一刻我夢想很久了」；但他必須等待女方主動才開始他的第一次，也非常的不尋常。另外劇中其他角色，熟悉波利的朋友也常開他玩笑，甚至朱諾有一回還提醒他：「我擁有你的第一次。」到目前為止，電影完全沒有與性愛相關的劇情高潮。而藉著朱諾的小狗芭娜娜的吠叫聲，朱諾的白日夢就被打斷了，倒敘的回憶也就嘎然而止。

　　接著以上的說明，當電影推展到這階段，我們應該說，使用「倒敘」這個詞並不是很恰當，因為觀眾根本都還不知道這是發生在過去的事，有可能那場景只是朱諾想像自己想要扮演的角色，也可能是她編織的事件後續可能的發展。當工作人員表開始出現在銀幕上時，觀眾立即進入一個看起來更天真童趣的、二維的卡通化世界，純潔的朱諾就在那樣的世界裡，搭配的背景音樂是巴瑞·路易斯·波利薩（Barry Louis Polisar）的歌曲〈我只要你〉（他以寫作兒童青少年歌曲著稱）：

　　　如果我是一朵花，狂野又自由／願你成為我的蜜蜂甜
　　　心，常伴左右。

　　當片頭字幕跑完，朱諾從卡通的二度空間走入現實世界，這

個倒敘才受到確認——她現在必須面對與波利兩人情慾流動之後的結果：她懷孕了。彷彿清楚意識到剛剛在片頭字幕的階段，我們接觸到的是一個純潔的世界。此時雜貨店老闆詭異地冷不防出現，迸出一句貼切描述朱諾目前景況的話：「這個可不是玩具畫板，搖一搖畫面就可以消失重來；這塗鴉，是洗不掉的。」

　　朱諾懷孕了，這是個毫無疑問的事實。但對於懷孕這件事的文化回應可以有許多種，這部片子刻意鋪陳這個梗，例如我們在電影剛開始不久，就看到朱諾扮演著小紅帽的角色，為了感官的愉悅，脫離原本的路線走入森林採花，誤入歧途，勢必要付出代價的。接著閒著無聊，朱諾還把紅色甘草繩掛在樹枝上，做成圈套套在脖子上。不過，她最後是把甘草糖吃了——但她後來告訴她的好朋友里婭（Leah），她想自殺。開玩笑說要結束自己的生命之後，接著她想：不如結束胚胎的生命好了，「在尚未成形之前防範未然」。於是，朱諾打電話安排好所謂的「快速墮胎」，但她的同學蘇青剛好在墮胎診所外面抗議，她的一句話讓朱諾打了退堂鼓，讓朱諾改變心意的倒不是因為胚胎已經有心跳或者會覺得痛，而是蘇青說：「寶寶已經有指甲了！」（指甲在這裡營造了反諷的氣氛，因為朱諾的繼母布蘭經營美甲店，店名就叫Bren's Tens）。朱諾最後的決定是生下寶寶，安排合適的人領養，而這就是這部電影情節發展的主軸。

　　縱使懷孕這件事是電影情節從頭到尾的發展主軸，朱諾卻下定決心不讓懷孕發展成為「大敘事」（grand narrative）。我們看到她一副就事論事的樣子，提到她會如何努力把寶寶「擠出

來」，分娩的時刻到了，朱諾還仿效好友里婭的用詞，說是要「卸貨」。除此之外，朱諾對於性經驗和自我認同也有所批判。她質疑大家使用「性活躍」或「性慾旺盛」之類的詞語，以此問道：「不知道那是什麼意思。難道哪天可以變得不活躍？還是，這是種永久的狀態？」雖然這麼說，她倒是回想起布利克那晚好像「活了過來」，而且還因為她懷孕了這件事而在學校變得走路有風。有個好玩的場景是布利克的同學維傑（Vijay）朝著在操場上跑步的布利克走來：

> 維：你知道朱諾・馬葛夫懷孕了？
> 布：知。
> 維：你有聽說孩子是你的嗎？
> 布：知。
> ⋯⋯
> 維：你應該留八字鬍，你現在是真男人了！⋯⋯我不要再穿內褲了，這樣精蟲數量才會倍增。

　　里婭也贊同這想法，對朱諾宣稱：「布利克跟你做過，他是男人了！」當然，觀眾知道真相應該是朱諾和布利克做了，而不是布利克和朱諾做了。朱諾的繼母布蘭就說：「這不是布利克的主意」；的確，朱諾也這麼說過，這讓布利克大感困惑。然而，電影仍然在陽具的力量上頭做文章，雖然把精子數量的多寡等同於男性氣概大有問題，不過實際上，英文「長大成人」（to come of age）這個詞本身就具有雙關語的效應。不提別的，精蟲數量多，令人聯想到的是懷孕中獎率提高，至於是不是真的更有男子氣概，則不得而知了。值得注意的是，馬克（也就是計畫未來要領養寶寶的那位爸爸）似乎也對陽具抱持著類似的不成熟態度。他因為從事廣告標題音樂而得到一點點名氣，賣的是叫做「鈦金屬能量」（Titanium Power）的男性除臭劑。廣告詞說：「整批買，加倍帥！」（Get more snatch, buy the batch!）馬克的居家生活方式和青少年沒有兩樣，家裡看得到吉他、音速青春搖滾樂團（Sonic Youth），還有他收藏的漫畫、恐怖片等等。

朱諾與凡妮莎（馬克的太太）帶給他不少他原先不想面對的真相，刺激他認清自己的現實景況。太太凡妮莎說：「你的襯衫好蠢，長大吧！如果我還得等你哪天長大變成天王巨星科特・柯本，我這輩子根本別想當母親了！」馬克雖然是成人，卻還是緊抓著錯誤的成長符號不肯放棄，想像自己可以一直活得像青少年，直到真的成為搖滾巨星。對他而言，開啟穩定的人生、扮演爸爸的角色，顯然是他極不想踏入的老化階段。

馬克因此認為與年輕的朱諾來段婚外情，可以讓鬱悶的心情找到出口。當他與朱諾調情時，馬克回憶起高中的舞會，耳邊響起的是華麗搖滾樂團胡普爾莫特（Mott the Hoople）的歌〈所有的年輕人〉（"All the Young Dudes"）。他深陷在彼時的情境，還真以為自己仍是小夥子，直到被凡妮莎的那段話點醒，也被朱諾說他「實在太老」而驚醒。

舞會本身當然是「成年」的標示，不過朱諾倒是變輕視這

類的活動。她認為:「舞會是為維也納香腸(*wienises*)而設的」——她創造了這個令人印象深刻的雙關語,除了代表魯蛇、令人看不起的失敗者的意思外,還影射了陽具,因為香腸的外型類似男性生殖器(當然,本來就有一種香腸叫做維也納香腸)。朱諾在整部電影表達的觀點,常常是打破制式傳統的,例如她在電影稍微前面一點的片段說過,每次看到男生在跑步,她一定會想到男生那一根「肉棒」在短褲裡跳來跳去的樣子,或者說,她想像到好多的維也納香腸。所以,男性在朱諾的想像當中,從來都不是直立的陽具——不像比較早期的男孩成長電影《站在我這邊》(中國翻成《伴我同行》)(*Stand by Me*, 1986)中非常強調直挺挺的站立姿態,避免被當作「小貓」(pussy),也就是女人。

在《鴻孕當頭》這部電影裡,陽具與成長或長大成人之間的連結是空洞的,沒有實質的意義,而且就如同一些女性主義者所觀察到的,陽具促發的聯想,常常出現在男性中心的故事,那類電影的情節組織,通常圍繞在段落性的劇情高潮發展。《鴻孕當頭》挑戰這樣的思考方式,不僅僅在人物的表現上如此,電影的結構上也是如此——避免段落式的劇情高潮出現。

朱諾的男朋友波利・布利克從這角度看是個有趣的人物,他不僅顛覆了大部分的男性氣質刻板印象,甚至還是個非常媽寶的男孩。但朱諾看到他擁有其他討人喜愛的特質,將來可能會成為一個好父親。當朱諾生下寶寶之後,這兩個年輕人一起躺著的畫面相當溫馨動人,或許我們可以把布利克的動作,看作是原始民

族所謂「丈夫假分娩」（couvade）的象徵姿態，即將成為人父的男人，分擔妻子分娩時的感受。

　　整體看來，《鴻孕當頭》這部電影挑戰單向、線性的發展概念，不認為成長的過程是從不成熟邁向成熟的單行道，抵達目的地就畢業了。觀眾可以在這對相當成熟的年輕人身上發現，面對懷孕這件事的另一種可能。這部電影告訴我們，對於青少年來說，未婚懷孕不一定像我們以為的那樣，或是一般電影和小說所呈現的那樣：是天大地大的事，是他們沒有能力處理的、或甚至會害了他們一輩子的事。電影結束時，這兩個年輕人看起來比之前似乎又更年輕，他們騎著單車，最後停在布利克家的門口，然後開始彈吉他，一起唱著反叛民謠團體發霉桃子（Moldy Peaches）的歌〈單單只有你〉（"Anyone Else But You"）：

> 你是兼職的情人，卻是全職的朋友，
> 你背上的猴子是時下的流行，
> 我的眼中看見的你和別人不同，
> 單單只有你。

　　「你背上的猴子」，顯然指的是懷孕這件令人壓力沉重的事。他們正在處理，處理好之後，就能夠繼續往前走。

　　李察・林克雷的《年少時代》（*Boyhood*, 2014），處理的也是對於「長大成人」這個概念的困惑，不過是從男性的角度出發。《年少時代》使用了類似的技巧，另外還採用了極有創

意的拍攝方式——這部片子跨越了十二個年頭，持續拍攝相同的演員，藉由這種手法，捕捉每個孩子隨著時間各自發展的軌跡。《年少時代》和前一部片子一樣，不願意過度強調成長事件，避免會帶入情節高潮的大議題，反倒善用平凡、司空見慣、細水長流式的日常生活瑣事作為材料。導演林克雷彷彿刻意要挑戰大家耳熟能詳的兩種區分：故事素材（*fabula*）和情節安排（*sjuzhet*）。我們的生活經歷是素材，人生的故事往前開展，每天24小時，一個禮拜7天，連續不斷。但如果我們想要跟別人說說我們的故事，這時就會需要編排一下，把某些我們認為重要的事移到前景（這就是情節安排）。當然，說故事時還一定會在那些具有特殊文化意義的面向多加著墨。我們說故事時，常常援用現成的「意義」，也就是我們文化裡早就習以為常的元素。因為如此，不免需要犧牲個人單一獨特的真實感受，或當下此刻的原汁原味（這部分我稍早提到過，稱之為現象學的面向）。

　　李察・林克雷的《年少時代》企圖把現成的結構（也就是編排過的、具有特殊意義的情節）減到最低，在這部片子裡，指的就是男孩的童年。許多影評人或批評家把《年少時代》的拍攝風格和1914年的一部劃時代紀錄片《人生七年：成長系列》（*7-Up*）相提並論。《人生七年》這部紀錄片追蹤一群背景各不相同的英國兒童的成長，每隔七年拍攝一次（當時這樣的拍攝計畫不只在英國有，在其他國家也有例可循）。不過，《人生七年》裡的孩子，每次拍攝都會被成年的採訪者要求回顧自己的生命，為自己的過去時光塑造意義——也就是編排出「劇情」（the *sjuzhet*）。然而林克雷的《年少時代》卻刻意避免這麼做，反倒是貼近瑣碎平凡的日常生活，傾向呈現個人的生活點滴，例如，家庭攝影機所記錄的獨特生活片段。家庭日常生活影片的拍攝，多半歸因於特殊聚會（生日、聖誕節、婚禮），但觀賞這些片子的時候，往往是當中捕捉到的平凡細節（甚至有時候是些突兀的小地方）讓我們回味無窮。比如說：當時的服裝、說話的方式，還有特別是錄影帶裡的人物。林克雷的電影仿效紀錄片，例如影片裡就有關於《哈利波特》系列當年出版的盛況，那是孩子們共同的文化記憶。觀眾可以看到主角梅森的母親奧莉維亞為梅森和姐姐莎曼沙朗讀哈利波特第二集的片段；後來，我們又看到打扮成小巫師的梅森徹夜排隊，搶購哈利波特第六集：《混血王子的背叛》（*Harry Potter and the Half-Blood Prince, 2005*）。當然，作為成人觀眾，最令人滿意的觀察經驗可能是一路看見丹尼爾‧雷德克里夫（Daniel Radcliffe）和其他主要演員在整個系列裡逐漸長大的樣貌。

林克雷的電影顯然包含了一些標準的成長故事段落，但是他不讓這些情節的部分占上風成為重點。比如說，我們看到梅森有天晚歸，剛好碰上媽媽晚上有聚會，母親的現任男友吉姆問他：「嘿，梅森，現在幾點了？！」梅森回答：「12點15分的樣子。」吉姆走上前，沒有責備他，而是祝福梅森：「生日快樂！」就這麼靜靜發生了（觀眾一點都不知道）。梅森接著進房間要睡覺，母親和他聊了一會兒，然後吻他、跟他說晚安，這一幕相較於前一幕顯然失色。我們在前一個場景看到梅森被一輛休

旅車載回家，在後座跟一個女孩一起躺平，這景象讓觀眾納悶梅森是否已經有過「第一次」了（還是，他可能抽了大麻）。這種避開傳統成長故事關鍵轉折點的手法和《鴻孕當頭》一樣，在整部電影裡不勝枚舉，當然，父母親都希望隱隱暗示的這些事是沒有發生過的。《年少時代》還有另一個重要的例子發生在男孩的畢業典禮上（同樣的，觀眾當然也沒有機會目睹畢業典禮的現場狀況），我們只見到梅森和他的朋友穿著畢業服（這是另一個和哈利波特有關係的梗），不情願地來到梅森家參加慶祝會，而這場全員幾乎到齊的聚會，是我們唯一在這部電影裡面看到的熱鬧場面（其他大部分的場景都只有兩個人，最多三個人的互動）。就像梅森的母親奧莉維亞所說的：「……人生只有一次高中畢業，我想幫你慶祝，也慶祝接下來的日子。」

　　不過，回到稍早的問題：是誰決定讓觀眾可以看到梅森童年的那些部分？當然，就是導演林克雷。剪接室的地板上躺著大量的膠卷（根據文宣資料，他總共拍了343,801英呎）。林克雷極力避免讓他的電影成為標準的成長故事（*Bildungsroman*）；也就是那種從人生經驗的角度出發，一路的情節發展帶領觀眾到達某個制高點，以綜觀經驗的獲得作為結局。林克雷採用的是現在式的敘事形態（這是當代青少年小說的特點），他是怎麼做到的呢？每一年他都請演員回來拍攝新的影片，藉此擺脫故事有確切結局的可能性。也就是說他的電影不是以逐步養成像濃縮膠囊似的、完全成形的、成熟的主人翁作為目的。因此，這些事件表面上非常的武斷、難以捉摸（雖然他們顯然不是這樣）。但

鬆散的結尾──是所有生命的一部分，那些當初沒有選擇的道路，是毫無疑問存在的。就像奧莉維亞的第二任丈夫的孩子敏蒂（Mindy）和藍迪（Randy），命運就是如此──當梅森和家人躲過了繼父的酗酒暴力，那兩個孩子卻是卡在不同的樓層之間動彈不得。

當然，所有的場景都是在描繪梅森這個角色，雖然他常常不是鏡頭的拍攝焦點。一個很好的例子是在電影剛開始不久，梅森在夜裡被吵架的聲音驚醒，於是走下樓偷聽他的母親與當時的男友正在爭辯自由與責任。他的母親感嘆：「我以前是人家的女兒，現在我，去他的，是人家的媽。」

然而，縱使這部電影是梅森的故事，林克雷卻是盡量不讓觀眾進入主角的個人視野和內心，而是從外在的角度觀察認識主角。演員的觀點鏡頭很少（只有幾個），但這些極少數的觀點鏡頭，例如剛剛梅森偷聽母親與男友爭執的一幕，就足以令人感覺到心痛。又如電影開始的時候，觀點鏡頭讓我們看到了一些天空的雲朵，稍後我們了解那是梅森的主觀視角，他的眼睛還反射著那些雲朵。我們也看見他好奇地盯著一隻鳥的屍體看。此外，還有個非常重要的觀點鏡頭，是關於一家人搬家的狀況。梅森手裡拿著刷子，被吩咐要在門框上漆上不同年齡的記號，記錄每個孩子在不同日期和時間的身高，而最後一格紀錄就是梅森在2002年，48又3/4吋高，這些標示記號後來都被塗掉了，讓這場景顯得有後設文本套層結構（mise-en-abyme）的意味。這就是觀眾在電影裡看到的，沒有清楚的歲月流逝記號可以參考（例如用字幕

顯示日期），取而代之的是，觀眾用自己的主觀方式估量時間，比如說：注意人物的外表變化，或者依照他們行為概略估計他們的成熟程度。

這樣的套層結構或許和另一個場景可以連結在一起，那個場景就是我今天演講題目的來源。同樣也是在電影開頭不久，梅森與莎曼沙和一年半沒有見面的父親見面時，親子關係顯得有些疏離，老梅森帶著他們去玩保齡球，小梅森沒有辦法打出全倒，要求讓護欄放下來，這樣他的球就可以一直保持在球道上不會落坑洗溝。但父親沒有答應，他說：「生命中哪有護欄？」也就是說，真實人生沒有保護裝置。

對梅森來講，這些話正中要害，因為他總是覺得自己有適應上的問題。這種感覺從電影開始的第一個鏡頭就看得出來：梅森獨自一人在校園裡盯著天空瞧，直到他媽媽找到他，母親剛和老師談過話，老師擔心的正是他整天盯著窗外看。盯著窗外看，就是這部電影的重要主題。稍後梅森開始學攝影，被老師撞見躲在暗房裡，老師要求他拍攝當晚的足球賽作為懲罰。稍後我們看到他拍的幾張照片，然後，一個朋友轉告他老師的話：「嘿，小子，圖靈頓要你忘記那些藝術氣息濃厚的廢物，專心拍足球場上的廝殺。把你的鏡頭對準足球場……就是那樣。」朋友還示範了正確動作。梅森的注意力又一次被迫回到主流的視野，落在大家共同關心的事件上，因為他的眼光總是落在古怪、大家不會注意的方向。

梅森這個角色因此多半是個旁觀者，徘徊在角落或者門檻。

這裡借用人類學家范傑納普（Arnold van Gennep）討論「成年禮/成年祭」時使用的門檻/中介（liminal）概念。這是他用來形容原始部落青少年啟蒙儀式時，經歷的尷尬時刻：不前不後、非彼又非此、非裡又非外。liminal這個形容詞來自limen這個名詞，是門檻（我們在前面提到的油漆門框那一幕，看到過門檻）。不過，梅森看起來又不太一樣，他更不受拘束，對周遭的活動不太投入，也不願意跳入標準的框架或跨越門檻。攝影活動對他當然相當重要，使得他可以在自己和外在世界之間隔著一個額外的觀察介面，藉此暗中研究他身旁的人的行為。所以，在他有一次向女友席娜大放厥詞的時候，就創造了「失落的真實感」（lost authenticity）的概念。他說開發電子人賽博格或機器人實在太貴了，所以人類已經決定「把自己變成機器人」，讓自己被「洗腦」。基於反叛的理由，梅森刪除了他的臉書帳號，避免被洗腦。他說：「我只是想要試試看，不要透過螢幕度過我的人生。我要某種真正的互動，活生生的人，而不是他們放在網路上的個人檔案。」這些話倒是有些反諷的意味，梅森自己不就是那種他口中批評的人嗎？他的人生就是透過林克雷的螢幕所呈現的。然而，我們還是可以讚許他努力避開現代生活虛假的人生態度。他說，他決定「不讓自己被塞進一個寫好名字和數字的縫隙當中」。

　　當然，在電影結束前，我們發現梅森的態度已經軟化，不再繼續把自己封閉起來：不管是盯著窗外看，或是躲進暗房裡。他了解到既然在之前就缺乏基本的素材了，在進入成年階段前，

不會有「巨大的、轉變經驗」。他還拿自己的母親當作類比：「我的意思是，看看我媽，她拿到學位、得到很不錯的工作、她能養活自己……但是基本上她到底還是跟我一樣活得亂七八糟……。」稍後，他和父親有段對話，延續類似的話題。梅森問父親：「重點是什麼？」爸爸回答：「重點是什麼？他媽的，我不知道。沒有人知道，可以吧！？船到橋頭自然直，就是這樣。」再說一次，「人生中哪有護欄？」這句話是重點，而且梅森的爸爸還說：「我的意思是說，你還活著就是好消息，你了解嗎？你要好好的過日子。」

用文化標籤來丈量人生，的確會讓我們的生命消失在護欄中，就像梅森的媽媽在電影裡最後一次出現時清楚地表達：「我的人生要繼續往前走，就像那樣。這些人生的里程碑：結婚、生子、離婚……你知道下一件事是什麼？蛤？就是……他媽的……葬禮！」她又補充：「我原本以為還有更多。」這些話聽起來對梅森彷彿是另一個警訊，我們此刻從天空往下拍攝的鏡頭裡看到梅森，但這次的鏡頭和電影開頭從雲朵往下的角度不一樣，雖然鏡頭指向開放的未來，卻同時也映照了這家人的第一次搬家，在門框上的年齡標示都被塗銷了，奧莉維亞試著要為她的孩子們建立新的生活。在這裡，鏡頭暗示結尾的成分多些，雖然我們看到梅森的未來向前開展，在空曠的公路上自由奔馳，朝著遠方消失的某個點前進——這是人生旅程的傳統隱喻。但是，我推測這樣的結局意象，只是個即將讓我們大吃一驚的錯覺，它要提醒我們的應該是，再一次，父親的那句話：「人生哪有護欄？」可以肯

定的是，馬上就有另一個場景即將出現，那我稍後會再討論。

前面提到過，梅森本人和當代文化的大部分成長里程碑劃清界線，但電影裡的長輩們絕非如此，他們使用這些標籤、也受到標籤限制，梅森繼母的父母親就是明顯的例子，他們送給梅森聖經與獵槍。第二次世界大戰有首歌，歌詞是「讚美主，但把彈藥傳過去」（一邊讚美上帝，一邊繼續戰場上的殺戮）。這裡我們看到的是清教徒的基本工具，當年他們以聖經和獵槍裝備自己，抵達想像中沒有虛偽與特權的自由新天地，這一幕簡直可以說是梅森的堅振禮（宗教儀式），雖然梅森本人不太受到這類事件的影響，他本身卻倒是有自己的獨特標示（雖然他好像是事後回想時才意識到這一點）。

這件事發生在去繼母家的路上，梅森和姊姊看到他們要坐的車子時問爸爸：「這是什麼？」爸爸回答：「我們的新車，進來吧！」他們的同父異母弟弟庫柏還是個小寶寶，被安安穩穩地固定在後座，梅森仍然無法置信，問到：「這像是安妮的車子，你開GTC？我還以為寶寶座椅沒辦法放在那種車子裡。」梅森講的是他心目中超酷的通用龐帝克火鳥，那台車爸爸曾經承諾在他滿16歲時要送給他，現在他簡直無法相信，爸爸竟然把車賣掉了！不過，父親毀約把要送他的成年禮賣了顯然只是冰山一角；那輛車事實上象徵著他對父親的感情。現在，他的位置顯然被小弟弟庫柏取代了，那個寶寶坐在梅森從來沒坐過的地方，被安全地保護著，而且將來還更可能是爸爸貴重物品的繼承人，特別是現在爸爸把賣車的事用金錢來衡量，認為是理性的投資（而爸爸

受過專業訓練成為精算師）。從梅森的角度來看，他心目中的酷爸彷彿已經死了，但是其他人看到卻是爸爸遲來的成長。大梅森深深體會到自己以前的不成熟，讓原來的婚姻家庭付出了很大的代價，因此不希望自己的兒子像他一樣，所以，我們一點也不驚訝，梅森從爸爸和繼母那裡得到的禮物是非常中規中矩的——襯衫、西裝和領帶（適合面試和禮拜天上教堂穿）。

接著我們要談跟這部電影有關的更廣泛議題。這部電影叫《年少時代》（*Boyhood*），而不是《一個男孩的生活》（*A Boy's Life*）（林克雷據說最早想把電影取名為《十二年》，那名字沒有現在這個好）。「年少時代」是個範圍廣泛的名詞，提出的議題是：何謂男孩？而這問題對大梅森與小梅森一樣適用。導演顯然刻意把大梅森刻畫成一個像男孩的男人，他像是個大哥哥，我們看到他跟孩子一起打球、玩捉迷藏、刻意拒絕扮演不在場的父親角色、希望和孩子們平等相處，甚至不避諱和他們討論性，這樣的舉動讓莎曼沙與小梅森相當尷尬（但他顯然記得自己與他們的母親奧莉維亞當年對於性的天真）。

這部電影是男孩子的年少時代（boyhood），不是少女時代（girlhood），而且如同幾位批評家指出的，這部電影談的是白人的少年時代（請再一次想想我在這個演講開頭提到的那些議題）。然而，我認為導演故意做性別的區隔，因為少女時光與母職在這個作品裡都被邊緣化了。事實上，少年時代就是把女性邊緣化的原因，只要看看大梅森與奧利維亞的幾任男友的負面行徑就可以了解：自由與責任之間涇渭分明，從電影一開頭就是如

此。正如在我稍早提到的場景裡面,梅森聽到媽媽與男友的爭執,縱使有聰明的腦袋與敬業的工作態度,奧莉維亞身為一個單親媽媽辛苦地過日子,幾乎沒有自己的生活。無獨有偶,梅森的姊姊莎曼沙比他更優秀,全A的成績、還擅長打球和射擊(其實表現的是傳統的男孩特質)。然而,我們也懷疑,在優秀女性所主導的家庭裡長大,梅森是否反而因此受益良多?此外,從媽媽的一堆酒鬼混蛋男友身上,他是否學到了極其寶貴的「負面」教材?

在我看來,林克雷的電影故意挑戰主流文化裡標準「男性氣概」的神話/迷思。「男童研究」(Boyology)這名詞本身的雙關語意暗示了它的正常、不可質疑,但聽起來就像生物學一樣,令人疑竇。男童研究背後當然有個很長的傳統,鼓吹男人必須回歸大自然,找到自己、認識自己,吉卜林(Rudyard Kipling)的《叢林奇譚》(*The Jungle Book*, 1894)就是最早的例子之一。我們看見男童氣質面臨危機的說法,每隔一段時間就到處流傳,羅勃‧布萊(Robert Bly)的《鐵約翰》(*Iron John*, 1990)和道格‧賈爾斯(Doug Giles)的作品歸咎問題癥結就在女性化的文化氛圍,這樣的概念在《年少時代》的欺負凌辱場景也發揮得淋漓盡致。在那情境裡,啤酒是陽剛行為的獎勵;拒絕喝酒,就會被視為是同性戀或娘娘腔。梅森在電影裡多次面臨差點被這樣的男孩文化刻板印象羞辱的時刻,但我們隱約察覺他的母系家庭教養發揮了一定的保護作用。

因此,回到人生旅程的主題,當梅森奔向夕陽(看起來是夕

陽）時，我們看到他把收音機的歌聲音量調大，那是獨立民謠樂團「最佳年度家庭」（Family of the Year）的歌：「讓我自由，我不想成為你的英雄。」這首歌有時也被稱為美國夢。從很多方面，梅森似乎做了跟哈克（Huckleberry Finn）相同的選擇，奔向廣闊的大地、逃離女性（他的母親，就像哈克逃離他的嬸嬸）也逃離文明，前進古老神秘的西部（我們從梅森在中途停留的加油站裡拍攝的破舊的小紀念品可以看得出來）。但這樣的解讀恐怕與這部電影額外的反高潮場景（大彎國家公園那一幕）有矛盾：梅森和同學從學校的說明會脫隊，尋找自己的方向。值得注意的是，這次梅森並沒有帶相機，而且他與新朋友有了完整的互動，特別是和妮可（Nicole），兩人甚至還產生了火花，梅森跟她告白：「此刻就像永恆，你知道。」聽起來這句話要作結尾力道還嫌不足，而且導演真的沒打算在這裡讓電影畫上句點，就像我先前所講的，林克雷決定避免讓這部電影成為一部成長電影。在結尾的處理上，他也不採用所謂的「陽性結尾」——也就是強而有力的結束方式，而是選擇了比較開放的「陰性結尾」模式。於是，不僅僅有反高潮的平鋪直敘，還有漫長、稍嫌笨拙的兩人世界，然後帶入柔和的收尾。當字幕升起，搭配民謠團體拱廊之火（Arcade Fire）的歌曲〈深藍色〉（"Deep Blue"）：「在這裡，我的地點和時間，在這裡，我自己的皮膚裡，我終於可以開始。」歌詞還建議「暫時放下手機」。

電影最後結束在一個沒有護欄的空間。的確，沒有語言，傳統的成長情節也被打亂，但還是留下了暗示的線索，讓觀眾從

許許多多有瑕疵的男性角色身上看到，儘管超出了預定的時間（時期），男孩仍然流連忘返於少年時代。我們可以對照《鴻孕當頭》裡類似的男性角色，比如馬克‧羅林，他還像個青少年，等待著成為超級巨星柯特‧柯本那一刻的來臨。馬克的太太凡妮莎，對比之下，雖然已經是個成功的職業婦女，卻認為沒有孩子是缺憾（「我天生就是要當母親的」，她與朱諾交心的時候這樣表示）。這些都再一次讓我們看到，其實沒有所謂的關鍵時刻，標示我們在那一瞬間長大成人。

讓我們回到電影如何結尾。和《年少時代》一樣，《鴻孕當頭》的結束既安靜又正面，而且也算是反高潮的結尾，雖然朱諾和布利克顯然在整部電影的過程當中成熟了不少。「成長」看起來是一件持續進行的事，而且不見得是青少年的特權。不只凡妮莎的例子如此證明，電影讓我們看到，朱諾的父親也是如此，他在遇見布蘭之後，才終於安定下來。

最後，我推測這兩部電影都拒絕接受所謂的標準的父權式情節安排，也就是虛假的、製作出來的情節高潮，同時也都拒絕陽性的線性時間序列，偏好陰性的循環式發展。比如，細心的觀眾會發現《年少時代》在一開始就提到大彎國家公園，那裡是梅森很小的時候，父母親還沒分手之前，他與原生家庭──爸爸、媽媽、姊姊一起露營的地方，從這樣的角度看來，梅森在大彎國家公園尋找方向，事實上是在潛意識中踏上回家的路。如同在《鴻孕當頭》的結尾，布利克和朱諾回到了他們兩人關係的起點，布利克家門口，背上的猴子不見了，而且連草叢裡的老虎也消失

了。兩部電影都告訴觀眾,塑造人生的護欄(也就是,為人生編排劇情)經常是我們蠻拿手的事,因此我們反而常忽略了應該單純倚靠生命所提供的素材。艾略特(T. S. Eliot)曾經問道:「我們生活裡失去的生命到哪兒去了?」看來,有時候我們失去了人生,正是因為它被刻意安排的劇情取代了。

當成人要孩子們擔負責任：兒童與青少年文學中的體現和經濟學[*]

蘿貝塔・席琳格・崔爾茲（Roberta Seelinger Trites）

陳聿寬　譯

前言

　　由眾多兒童讀物和電影中可見，成人對孩子們抱持著應對世界現況肩負起責任的思維。但實質上，這些責任本應是成人——而非孩童——該承擔的。我認為這個兒童文學中潛藏的議題是非常值得討論的。在今天的演講中，我將探討兒童文學中成人要求孩子需對成人所造成的問題負責之數種表現形式，並進一步論證，這種思維模式具有艾略特（T. S. Eliot）所言的「陰險的意圖」（insidious intent）。[1] 請容我先釐清，本文的焦點在於世界情勢所引起的相關問題，例如環境保護主義、政治控制

---

[*] 原文題目為"When Adults Hold Youth Responsible: Embodiment and Economics in Children's and Young Adult Literature"，發表於2012年11月16-17日於東吳大學舉辦的首屆台灣兒童文學研究學會國際研討會（International Conference on Children's Literature: The Child in the Book），本文為大會主題演講之一。

[1] 譯註：出自於艾略特的"The Love Song of J. Alfred Prufrock"一詩。

和經濟議題。雖然許多針對兒童的書籍也顯示，孩童在家庭中被賦予承擔成人角色的責任——這當然在意識形態上也可能存在相似的問題，但今天我想深究的問題比家庭關係更廣：也就是，為什麼成人要孩子們擔負起改變世界現況的責任？且當成人要孩子們負起修正（fixing）世界現況的責任時，賦予這樣權力（empowerment）引起的問題與風險為何？

我將從三個層面分析這個現象：首先，我將檢視在兒童文學小說、圖畫書和電影中一些成人讓孩子們擔負起遠超出他們力所能及的責任，進以改善世界的例子；接著，我將探討青少年文學，特別是最近青少年反烏托邦小說（dystopian young adult novels）的多產盛行；最後，我將剖析在哥德式文學創作（gothic manifestations）中，成人讓孩子們擔負起遠超出其能力所及的責任之多種面向。

兒童對未來的責任

回溯兒童文學史，可發現許多兒童為了成人得承擔解救未來責任的例子，或許是因為在這些故事中，成人的表現足以證明其無法改善所面對的世界現狀；又或者是因為，在浪漫主義影響之下對童年的理想化（romantic ideals of childhood）不朽地形塑了孩童通常比成人更有能力的神話／迷思（myth）。以《長襪皮皮》（*Pippi Longstocking*）為例，這個故事訓練孩子們要有自信地抗衡恃強欺弱者。鑑於該小說於1945年在一個於二次世

界大戰中保持中立的國家出版（譯註：此指瑞典），小說中強調兒童應要堅定抵抗並反對強人和霸凌者——包括故事中馬戲團裡的大力士「阿道夫」（Adolf）是深具意識形態上的意義的。[2] 另外，在路易斯（C. S. Lewis）的「納尼亞」系列（Narnia series, 1950-1956）中，兒童還負責從法西斯主義中拯救成人世界——最著名的例子是其系列中的《獅子・女巫・魔衣櫥》（*The Lion, the Witch, and the Wardrobe*, 1950）——以及蘇珊・庫柏（Susan Cooper）的「黑暗正升起」系列（The Dark is Rising series, 1965-1977）中對孩童角色的刻畫。這些冷戰時期的小說賦予了兒童角色極大的責任：幫助成人世界擺脫極權政治的壓迫。

　　而在另一方面，當我說成人不公平地要求兒童擔負起改善未來世界的責任時，圖畫書和兒童電影中的環保主義也許是一種更簡明的方式來表達我的論點。這些作品暗示著兒童應該在當前狀況壓垮未來**之前**就採取行動（粗體為本文作者所強調，以下粗體亦同）。

　　舉例而言，在蘇斯博士（Dr. Seuss）的《羅雷司》（*The Lorax*, 1971）中，萬事樂（the Once-ler）藉由他如何過度開發當地最珍稀的資源——「楮弗拉樹」（Truffula Tree）的過往，向一個小男孩講述了他對破壞環境的悔恨。萬事樂解釋他是如何忽視羅雷司（the Lorax）的警告。羅雷司為「樹木的代言者」；當

---

[2] 譯註：講者意指故事中的「阿道夫」（Adolf）是借名於導致二次世界大戰爆發，並為納粹大屠殺的主要策劃發動者之一的阿道夫・希特勒（Adolf Hitler）。

最後一棵楮弗拉樹消失，羅雷司也消失了。只留下了一顆樹的種子還有一塊石頭，上面寫著「除非」（UNLESS）。顯而易見的，小男孩以及本書所有的年輕讀者都需對肩負起重建被毀壞的環境責任有感。

在1992年的國際舞台上，出現了個相似的例子。來自加拿大的瑟玟‧卡莉絲鈴木（Severn Cullis-Suzuki）在巴西里約熱內盧舉行的聯合國地球環境高峰會（UN's Earth Summit）上發表演說，儘管當時的她只有12歲。近二十年後的2003年，她的演說在日本出版，書名為《世界因你而改變》（《あなたが世界を変える日》）。文字中提及了她和她的朋友「走了六千英哩，為了告訴大人們，你們必須改變對待環境的方式……。我正為自己的未來而奮戰。而失去自己的未來是無法和在選舉中落敗或者在股市的漲跌中受挫相提並論的。」換句話說，卡莉絲鈴木在十二歲時就意識到，政客和商人把政治和經濟利益優先置於生態環境及兒童的未來之前。接著，她說道：

> 我只是個孩子，我沒有解決一切問題的方案，但我希望你們也意識到，你們也沒有……。在學校，甚至幼稚園開始，你們都教導我們如何在世界上為人處世。例如：不要與別人打架爭鬥、要試圖解決困難、要尊重他人、要收拾自己製造的爛攤子、不要傷害其他生命、要相互分享、不要貪得無厭。那麼，你們為什麼要做出這些不要我們去做的事呢？你們說你們是愛我們的，但今天我要向你們鄭重喊話：請你們以身

作則、言行合一。

這裡，卡莉絲鈴木是個條理分明的孩子，成人無法對她的呼籲充耳不聞。實際上，她常被稱為「那個使世界沉默五分鐘的女孩」（The Girl Who Silenced the World for Five Minutes）。出版此書可說是為了表達對一個孩子勇於為未來擔負責任的敬意，但值得留意的是，直到卡莉絲鈴木長大成人時，這本書才得以出版。

兒童電影方面，《瓦力》（Wall‧E, 2008）的故事背景設定在一個陰鬱的未來——由於成人沒有負起清理垃圾的責任，人類不得不放棄地球。這部電影向孩子們傳達的信息非常明確：切勿讓垃圾毀了地球。同樣地，《玩具總動員3》（Toy Story 3, 2010）是關於一群玩具擔心因市場推陳出新的常態，自己將會變成被報廢淘汰的商品。當這些玩具最終在似巨獸般的城市垃圾焚化場中等待著被火光吞噬時，它們的擔憂也終成了事實。電影裡堆積如山的垃圾本是要嚇嚇年幼的孩子，使他們意識到該擔負起保護環境的責任；而玩具們面對的困境亦向孩子們傳達了一個明確的信息：「不要僅僅因為老年人看起來落伍就遺棄他們。」

成人為什麼要讓孩子們以這種方式擔負起改善未來的責任？為什麼特別要讓他們對環境改革負責呢？孩子們沒有投票權，無法向世界各地的工廠徵收碳排放稅。孩子們也沒有權力控管煤礦開採，或者有能力設計耗油率低的汽車、火車和飛機。成人清楚地知道這遠超出孩子們的能力範圍。當然，我同意，重要的是，我們在孩子們力所能及的範圍內教導他們環境保護的相關知

識——例如，孩子們在生活中減少水和紙張的消耗，或者，當他們離開房間時，順手關燈。但我們都知道，這些努力不會逆轉全球暖化的現況，只有投入極大的國際互助才會起作用。既是如此，為何當我們明知道造成這些問題的是成人，而非孩子們時，要花那麼多時間用這些地球因消耗過度而變得荒蕪的影像來恐嚇他們？

恐怕我的回答是很憤世嫉俗的。至少在美國，進行環境教育要比規範石化工業便宜得多。兒童不會開車，但汽車工業的發展會阻礙許多地區對廢氣排放的控管政策。兒童無法在政治上做出實質貢獻，但石油和煤炭業能。兒童在全球任一政府中都沒有發言權，但憂心環境法規會影響經濟發展而挺身而出的成人卻是大有人在。由此可見，我們進行環境教育是因為它使我們覺得自己**正做了一些事**來改善未來——但實際上，我們所做的只是將重擔從自身轉移到了孩子們身上。環境教育**成本低廉**，因此，我們讓孩子們負起意識形態上的責任，期許他們改善這個早被世世代代的成人攪亂的世界。

但請留意一個特點。目前我所展示的例子大都著眼於虛構的未來。也就是說，《羅雷司》和《瓦力》都與現實中地球上的生態現況無關。甚至《玩具總動員3》中巨大的垃圾堆也不過是對世界現況的批判，因為它警示著，如果我們永無止境地製造堆積如山的垃圾，世界將會變成什麼模樣。雖然我對兒童文學中成人把該承擔的責任轉嫁到孩子們身上感到沮喪，但我承認，至少這些作品著眼未來，且預想了孩子們將會變成什麼樣貌。畢竟，

他們確實寄託了一絲僅存的希望，暗示這些晦暗的未來可以被改變，儘管這一切得等到這些孩子們長大成人時才能做到。

青少年文學中的反烏托邦書寫

然而，由最近出版的青少年小說中，可見年輕人們被賦予越來越大的社會責任。和為兒童編寫的環境保育類著作相比，青少年文學中的反烏托邦書寫對於未來的想像往往是很悲觀的。事實上，除了承擔著更大的社會責任之外，在這類型的小說中，青少年的角色常常被描繪成對未來的唯一希望。

英語中的「反烏托邦」（dystopia）一詞的使用首見於1868年的英格蘭，字面上的意義為「堅硬或糟糕的地貌環境」（hard or bad landscape）。當時約翰・斯圖亞特・穆勒（John Stuart Mill）從湯瑪斯・摩爾（Thomas More）於1551年所使用的「烏托邦」（utopia）一詞創造了新詞彙，用以描述英國政府對愛爾蘭的土地政策是多麼地缺乏遠見。而後，辛茲（Carrie Hintz）和奧斯特里（Elaine Ostry）將烏托邦與反烏托邦兩者的書寫傳統做了連結：「我們使用『烏托邦』一詞……用以指涉一個極度優於讀者現實世界的不存在社會。這個社會追求完美，擁有既定的社會制度，並對其有著明確的細節規範。『反烏托邦』同樣描繪了對多種社會形態的精細設定，只是這些社會中改善其制度的理想悲劇性地失了控」（3）。喬瑟夫・坎貝爾（Joseph W. Campbell）則認為，反烏托邦文學要求讀者「批判性地審視自

身周遭試圖建構自我的權力結構」（2）；此外，「反烏托邦文學……關注的是看清主體意識形態形成時，周遭那看似無形的循環結構」（6）。反烏托邦小說，如傑克‧翟普斯（Jack Zipes）所觀察到的，「經常包含了對擁有先進技術但充滿問題的『後現代』社會進行批判」（xi）。

在青少年文學中的反烏托邦書寫中經常反覆出現的一個設定是：年輕人們常身處一個理想幻滅、陰鬱灰暗的未來。但對於這些故事中的青少年角色來說，未來並非模糊不清，而是觸手可及的現實。故事背景的設置對他們有特定的緊迫性存在，他們被賦予責任當下解決其社會文化產生的問題。例如，在《塵埃之地》（*Dustland*, 1980）這本小說當中，一個名為賈絲緹思（Justice，亦即：正義）的女孩必須弄清楚為何漫天的塵埃正在扼殺世界——她需要在當下，而非遙遠的未來解決這個問題。而在《記憶傳承人》（*The Giver*, 1993）中的喬納思（Jonas）並非在模糊未知的未來才需挺身對抗一個充斥著壓迫、極權思維和墨守成規的世界——他必須在當下面對和改變他現在生活的世界。再者，「醜人兒」系列（Uglies series, 2005-2007）中的塔莉（Tally）亦必須在當下阻止政府以進行「變美」（pretty）整形手術之名對公民們植入控制思想的晶片。

這些類型的作品急切地在意識形態上傳達了一個重要的訊息，即青少年有責任立即面對和改正他們所處世界的問題，而不是在未來、在他們長大成人後。這裡，我想提出我今天的演講中另一個重要的論點：科幻小說（science fiction）實際上並

非只聚焦未來。我認為他們都是反映作者所處世界現況的社會政治寓言（socio-political allegory）。如同大衛・古德漢（David Gooderham）所言，「幻想文學是一種隱喻模式（a metaphorical mode）」（173）；所有的幻設小說（speculative fiction），包括反烏托邦文學，都對作者的當代文化進行了隱喻性的批判。

　　以蘇珊・柯林斯（Suzanne Collins）的《飢餓遊戲》（*The Hunger Games*, 2008）為例，故事顯然是以羅馬帝國的衰敗為原型。正如古羅馬人過分關注「麵包和馬戲」（bread and circuses，拉丁文原文為*panem et circenses*；譯註：即指生活中的衣食溫飽和娛樂消遣），柯林斯暗示美國公民也同樣地過分沉迷於政府免費的福利發放政策和譁眾取寵的娛樂形式。在此系列反烏托邦書寫中，美國已被重新命名為「施惠國」（Panem；譯註：見前述拉丁文指涉意涵），並以一首府統治數個行政區——這與舊時的羅馬沒什麼不同，古羅馬人亦劃分了行省並從遠方統治。確實，《飢餓遊戲》中有五個角色的名字直接取自莎翁著名的悲劇作品《凱撒大帝》（*Julius Caesar*, 1599）：波緹雅（Portia）、弗拉維思（Flavius）、卡圖（Cato）、希娜（Cinna）和凱撒（Caesar）。而毫無疑問的，故事中生命的殞落及在競技場上為生存所做的拼搏爭鬥，就如同古羅馬競技場上的生死鬥，都在市民眾目睽睽之下進行。

　　換句話說，柯林斯的作品不僅僅是個關於未來的幻設小說，她根據歷史撰寫了一個具警示性的故事。她警告青少年們不要依靠政府的施捨或好萊塢的娛樂產物過活。否則，人們將變得

腐敗，帝國將陷落。的確，古羅馬諷喻詩人尤維納爾（Juvenal）於公元128年寫下的文字表明，他相信羅馬帝國之所以衰敗，是因為過度依賴「麵包與馬戲」而導致的腐化：「……早在很久以前，當我們不投票、放棄發聲，人民就出讓了自己的責任跟義務；對於早已交出軍事指揮權、高階民政廳以及軍隊的人們來說，現在一切都被箝制住了，人們變得只關心兩件事：麵包和馬戲」（*Satire* 10.77-81）。尤維納爾的警語對柯林斯創作的深切影響，呼應了一種在美國被稱為「自由意志主義」（libertarianism）的思維主張，其基本原則是不信任任何政府或其相關機構。柯林斯不是在寫未來，她正教導青少年永遠不要相信**任何**政府，因為即使他們這麼做了，最終他們仍不得不想辦法擺脫這些組成政府的成年人的貪婪和腐敗。

就如同我今天到目前為止探討的其他故事，《飢餓遊戲》亦呈現了對當代問題的隱喻，但所有這些青少年文學中的反烏托邦書寫——從《記憶傳承人》到《飢餓遊戲》——都暗示著社會的衰敗迫在眉睫，除非青少年**立即**挺身而出。而且，**只有青少年才能拯救世界**，因為一旦他們成年，他們亦將變得腐朽貪婪，無法進行任何改革。這些小說給青少年帶來了沉重的負擔，並傳達了一個令人困惑的信息，即青少年不僅**必須**成長，且**必須**在因成長而變得無能為力解決所處世界的問題**之前**，完成任務。這裡值得留意的是，如卡拉・史萊德（Kara Slade）和艾米・蘿拉・豪爾（Amy Laura Hall）提醒我們的：成人才是書寫者，而不是青少年，因此，反烏托邦小說通常更能反映成人內心的恐懼。

　　不過，值得關注的是，青少年小說中有部分作品確實明顯地偏離了上述這種書寫模式。安德森（M. T. Anderson）的作品《網訊》（*Feed*, 2002）中的泰特斯（Titus）無法在他所生活的體制中對抗強制資本主義（the enforced capitalism）的力量，因此在小說的結尾他深感絕望，他無法拯救任何人。另一方面，1999年小說版本的《大逃殺》（*Battle Royale*）敘述了當政府透過電視轉播被隔離在小島上的孩童相互殘殺的生存遊戲來告誡大眾，一個成人——儘管是一個年輕人，但仍是一個成人——協助營救了倖存者。由此可見，部分反烏托邦書寫確實挑戰了這個模式：孩子們不再需要負起解決成人所製造的社會危機之責任。儘管如此，這些小說仍可視為對當代關注議題的社會評論及批判：《網訊》一書對青少年進行了意識形態上的警告，反對當代消費主義的擴張。而《大逃殺》則要青少年留心年長者對世代更迭的怨懟，認為自己不再受到尊重。

　　因此，柯林斯的《飢餓遊戲》系列作品並非表達了她對未來含糊不清的恐懼。直至今日她仍對讀者示警：「**不要相信任何形式的政府。所有政府都是邪惡的。**」雖然美國的自由意志主義者可能會認同她的想法，但我們所有人仍依靠政府所提供的各種服務過活。當政府修建道路並確保飛航安全時，我們喜歡政府。當政府提供教育機會時，我們喜歡政府。當我們的住家失了火，消防隊即時出現拯救我們時，我們喜歡政府。那麼，為什麼柯林斯要對如此多的青少年引介這危機四伏的意識形態（insidious ideology）？

掠奪青少年身體的成人

　　前述的疑問引導我探討本次演講的第三部分：近年來反烏托邦書寫在青少年文學中大行其道，而哥德式小說（gothic novels），尤其是吸血鬼小說（vampire novels）亦是如此。「哥德式小說堅信邪惡就是邪惡，這是確鑿無疑地，無論它有多誘人，都必須盡可能強力和完全地驅除其腐朽的根源……。但最近兒童文學中的哥德式小說……反映了我們當代文化對孩童純真無邪的看法有所改變之外，另一個可能的文化轉變（cultural shift）：成人願意單方面地負起責任，承擔過失」（Jackson et al. 7）。吸血鬼小說最基本的形式是邪惡且永生不朽的成年人從不知情的年輕人——經常是青少年——的身上汲取新鮮血液。年長者藉此得以延年益壽：這個概念最起碼跟布蘭姆・史托克（Bram Stoker）的小說《吸血鬼德古拉》（*Dracula*, 1897）一樣古老。在最初的版本中，伯爵德古拉已有數百歲了，但他掠奪的對象米娜（Mina）卻是一個非常年輕的女子。而史蒂芬妮・梅爾（Stephenie Meyer）的作品《暮光之城》（*Twilight*, 2005）中的愛德華（Edward）也已有一百多歲了，但他如跟蹤狂般地著迷於十七歲的貝拉（Bella）。年長者需要年幼者奉獻他們的血脈使之存活——幾乎所有的吸血鬼故事都這樣撰述，而其內容大多是關於成年男性掠食少女身體的故事。因此，這類型的作品可視為一種青少年得肩負改善成人生活的極端表現形式。

　　值得一提的是，近年來一些青少年小說（YA novels）將成

人為了生存而掠奪青少年身體這類型的主題融合了反烏托邦的背景。在這些故事中，成年人為了獲取經濟利益或延長自身壽命，積極地培育青少年的身體（Stewart, "A New Holocaust"）。由尼爾・舒斯特曼（Neal Shusterman）的《分解人》（*Unwind*, 2007）和麗莎・普萊斯（Lissa Price）的《起點人》（*Starters*, 2012）這兩部作品，可見青少年的身體成了具經濟價值的可利用資源，用以賦活更新生命。在《分解人》中，被認為無法融入社會的青少年，其身體將「被分解」（unwound）。也就是說，他們被殺害，而身體各部位則轉贈給負擔得起移植手術的人。而《起點人》則設定除了非常年輕的人（稱為「起點人」，Starters）和非常年邁的人（稱為「終點人」，Enders），一場傳染病早已滅絕了世界其他所有的人類。這兩群人則因預先接種了能免疫於此致命疾病的疫苗而存活。現在，「終點人」開始可「租借」（renting）「起點人」的身體，這讓他們再次感到年輕，且能更新自己早已老化的生命。

　　在《起點人》的故事中，凱莉・伍德蘭（Callie Woodland）生活在未來因疾病肆虐而荒蕪的洛杉磯。這裡，「終點人」發明了一種可以**暫時租借**青少年身體長達一個月的技術。青少年們不會對這個過程有任何記憶，因為租借者——「終點人」的成人意識將暫時取代被租借者——青少年的意識。「終點人」變得能再次從事高空跳傘等運動，也能再次在迪斯可舞廳跳舞，且享受性愛（即使在租借「起點人」的身體時不該如此）。正如一個「終點人」告訴凱莉的：「現在我花更多時間年輕的活著」（75）。

但最陰險可怖的是，「終點人」已開始著手進行一個計畫：成人可做的將不僅僅是「租借」青少年的身體；在這項新的商業企劃案中，「終點人」將能夠永久買下「起點人」的身體。「身體銀行將挑選最漂亮的孩子以供選用，」凱莉在故事中說道（201）。主導這項尖端技術的公司「青春補給站」（Prime Destinations）告訴客戶：「您可以選擇一個身體，以專業技術為您量身打造，並在餘生中持續使用它。您實際上將成為一個全新的人，充滿活力。您可以建立長久的關係。永遠使您的幻想成真」（207）。凱莉向她的一位「終點人」朋友指出，這個計畫是多麼地泯滅道德良知：「如果你或我永遠地租借某個人的身體，這意味著這個女孩將永遠得不到休息……她的大腦將沉睡──永遠……這比（綁架）更糟……這是謀殺」（209）。事實是，藉由寄生在使用不盡的青少年身體中，「終點人」將從而永保其掌控社會、政治和經濟的力量。

相比之下，舒斯特曼的《分解人》則以更具掠奪性的方式剝削利用青少年的身體。這本小說的背景是未來的美國，該國因墮胎戰爭（abortion wars）而一分為二，直到雙方在《生命法案》（a Bill of Life）上達成協議。根據協議內容，墮胎已成違法行為，但當一個孩子年滿十三歲，他或她的父母可以選擇讓孩子「被分解」，並將其身體部位捐獻給他人。如蘇珊‧史都華所言，成人視青少年的身體為「消耗品」（consumable）。在《分解人》中，一個成人說道：「選擇以不扼殺生命的方式終止（生命）……滿足了雙方的需求」（224）。因此，所有十三至十八

歲的青少年都面臨可合法地「被分解」其身體，且其身體各部位被捐贈給他人的威脅。明確地來說，接受這個稱為「神經移植」（neurografting）的手術的受贈者並非都是成人，有些是孩子。但成人是最初《生命法案》的立案簽署者。法案規定：成人執行神經移植手術，而只有青少年才能被分解。

故事裡被指定分解的青少年們感到恐懼。其中一人問：「你寧願死，還是被分解？」（166）另一個則問：「若你的每個部分還活著，只是在別人身上……你是活著還是死了？」（167）一個男孩說他現在能活著僅因他接受了移植手術，從一個「分解人」身上得到了肺臟，其他人問他：「那麼……你的生命是否比他的更重要？」（169）再者，又一人提出疑惑：「被分解後，人的靈魂會發生什麼事？」（171）小說中的一些角色爭論著是否最好在不想要的胚胎發展成一個有問題的十六歲青少年之前先進行墮胎。還有一些人則質疑有能力捨棄孩子——無論是透過墮胎還是領養——是否會導致不負責任的行為。但歸根結底，這些青少年中，沒有一人願意被殺死，只為了讓他們「99.44%」的身體可以被他人利用（269）。

小說生動地描繪了造成此駭人局勢的主因是這場成人向青少年發動的戰爭；而青少年們有自救的責任，因為成人不會護著他們。在一個難民營中，逃亡的「分解人」被告知：「**你比那些要分解你的人更值得活下去，你該挺身奮戰**」（198）。在青少年們被送往進行分解的「收割營」（the harvest camp）裡，某個孩子潦草地塗鴉寫著：「**你們無法騙過任何人。**」傳達了青少年們

知道他們是被害者（266）。他們都知道成人是可怖的敵人：其中的幾個在「收割營」起義反叛；而另一群反叛者則為逃亡的「分解人」提供庇護所，保護他們遠離成人掠奪的魔爪。還有一些人則向國會作證，說明「分解」（unwinding）是個多麼殘忍的暴行。但這些青少年無權修改法律，只有成人才能做到。

　　青少年文學中的反烏托邦書寫表達了對成人的不信任，並傳遞了青少年必須從成人手中拯救自己和整個世界的警訊，這不足為奇，因為這類型的作品大多是為了創造年輕人有力量反制的假象。然而，令我驚訝的是，這種書寫成人寄生的掠食者傳統（the predatory traditions of the parasitic adult）從吸血鬼小說延伸到了反烏托邦小說。為了避免讓你們覺得前述例子都是單一個案，請容我在此提及一個舉世皆知，擔負過多責任的孩子：「那個活下來的男孩，哈利‧波特」（the boy who lived, Harry Potter）。「哈利波特」系列作品看似很難將其歸類為反烏托邦或吸血鬼小說，但該創作實際上包含了兩者的元素。最明顯的是，青少年必須從邪惡的成人手中拯救世界。佛地魔（Voldemort）及其追隨者致力於消除「麻種」（Mudbloods）這點，闡明了這是個質疑法西斯和納粹主義的警示故事；的確，如果「食死人」（Death Eaters）成功，整個世界將陷入絕境。[3]但更怪誕的是，在《哈利波特──火盃的考驗》（*Harry Potter*

---

[3] 譯註：根據小說原文，「麻種」（Mudbloods）是對於父母都是「麻瓜」（Muggles）──意指完全不會魔法的人──的巫師一種最不堪、最低劣的稱呼，而「食死人」（Death Eaters）則為佛地魔奴僕般的忠誠追隨者。

and the Goblet of Fire, 2000）中，為了再次擁有人的形體，佛地魔如吸血鬼般地掠食哈利‧波特的身體。使其重生的魔咒需要他在計畫喝下的藥水中，滴入受了傷的哈利的血：藉由「強行奪取……敵人的鮮血……你將使你的仇敵復活」（642）。請留意：佛地魔復活的目的是為了……沒錯，永生。此外，噬了血才能起作用的魔藥將使佛地魔以其成人形貌的肉體重生：「佛地魔魔王復活了」（643）。在最後一集《哈利波特——死神的聖物》（Harry Potter and the Deathly Hallows, 2007）中，鄧不利多（Dumbledore）告訴哈利，佛地魔「用你的血重塑了他的軀體」（709）；「他相信你的血將會增強他的力量」（710）。當哈利發現自年幼時佛地魔襲擊了他以來，他已如宿主般將佛地魔的一部分靈魂留在自己的體內時，這系列小說和吸血鬼的關聯性就更加清楚了。而鄧不利多從未告訴哈利他懷疑佛地魔與哈利有寄生關係。

　　哈利自然感到被自己敬愛的老師背叛了。「看看他對我的要求……！哈利，你得豁出生命！然後一而再！再而三！而且不要指望我能解釋所有的事，只是盲目地相信我，相信我知道我在做什麼，即使我不信任你，也要相信我！從來沒告知全部的真相！從來沒有！」（362）鄧不利多不相信身為成人的自己能擊敗另一個成人——佛地魔，因此為了擊敗黑魔王（the Dark Lord），他操縱了一個男孩，密謀進行暗殺。哈利只有在讓佛地魔殺死寄生在自己體內殘存的佛地魔靈魂碎片才能成功。 而鄧不利多的獎勵是：祝賀哈利成為一個大人。實際上，當哈利擺脫了佛地魔

在自己體內的存在後，鄧不利多對他說的第一句話是：「你真是個優秀的好**孩子**。你是個勇敢，非常勇敢的**男子漢**」（707）。鄧不利多懇求哈利原諒他賦予其過多的重擔，並承認自己是罪魁禍首：「你能原諒我不信任你嗎？我沒告訴你一切？……我深怕你會重蹈我犯過的錯。我渴求你的原諒，哈利。我已經知道一段時間了，你比我更堅強」（713）。也許哈利已經成為一個男人，因鄧不利多這麼說了——但當故事結束時，哈利仍只有十七歲——且他才剛拯救了全世界。

青少年小說中的體現和經濟學

由前述的論證可見，在這些青少年小說中，成人掠奪青少年的身體，取其精華或加工改造以挪作他（成人）用。成人既渴望青少年的身體，但又恐懼它：分割／活體解剖（vivisecting）其身體是控制青少年不羈力量的一種方法。而最終，諷刺的是，這些身體被成人所消耗揮霍的青少年必須——理所當然地——得從如掠食者和吸血鬼般的成人手中拯救面臨生存危機的自己。

我們為什麼要這麼做呢？我們為何要塑造這種成人的期許，認為青少年將能拯救我們，甚至為此放棄他們的身體自主權？我認為答案跟經濟變動有關。請記住，布蘭姆‧史托克的《吸血鬼德古拉》是1897年出版的——而從1873到1896年這段時期被稱為是第一次的「全球經濟大蕭條」（the first "Great Depression"; Hobsbawm 105）。1873年，對通貨膨脹和煤炭開採業的擔憂導

致了英格蘭的經濟恐慌。同年5月9日，維也納證券交易所崩盤；接下來的秋天，紐約證券交易所則關閉了十天，引發了當年的經濟大恐慌（the Panic of 1873）。歐洲、美國和亞洲部分主要的經濟體接連陷入不景氣，直到1896年，世界經濟才開始復甦。由此可見，《吸血鬼德古拉》出版的年份是經濟緊縮（economic contraction），而非經濟擴張的時期（economic expansion）——正如自2001年以來，許多世界經濟體的經濟狀況。值得留意的是，二十世紀第一本重要的反烏托邦鉅作：阿道斯‧赫胥黎（Aldous Leonard Huxley）的《美麗新世界》（*Brave New World*）於1932年出版，正是另一影響甚劇的經濟緊縮時期——第二次「全球經濟大蕭條」（the second "Great Depression"）席捲了歐洲和美洲的三年後。毋庸置疑的，這類型小說出版量的激增可能和經濟和政治上的恐懼相關，表達了人們對被超越和淘汰的恐懼。歸根究底，什麼是吸血鬼小說呢？若和被取而代之的恐懼無關，還能被歸類為吸血鬼小說嗎？那什麼又是反烏托邦小說呢？若不談及被淘汰棄置的憂慮，還能算是反烏托邦小說嗎？當然，我們知道這種相關性並不能證明其因果關係（causation）。也就是說，我們無法證明經濟不景氣在某種程度上**導致**了對吸血鬼歌德式文學和反烏托邦主題興趣的增加。不過我們仍可推測，也許經濟變動至少是其中一個因素，解釋了成人為何灌輸青少年有責任從環境災難、政治操弄跟經濟蕭條中拯救自己；更甚者，從實質上拯救我們免於日漸衰老和瀕死的軀殼。

　　以書寫掠奪性成人的反烏托邦創作中對經濟學的自覺意識有

多少為例。如同《起點人》中一位美國參議員所言：「隨著我國老年人口壽命增長，人們需要確保他們不會被迫離開職場。當時的決定是禁止任何十九歲以下的人工作」（203）。換言之，故事裡美國政府計畫為大規模扼殺青少年心智提供資助，因為他們認為這是保持經濟成長的唯一途徑。這部小說反映了現實中「經濟大衰退時期」（the Great Recession；譯註：此應指2007年於美國浮現的金融海嘯危機）成人對青少年的崛起將使自己成為社會累贅的畏懼。同時，考慮到現今美國年輕人普遍存在的失業問題，該小說亦反映出青少年對成人的憂慮——即成人不會給他們空間，讓身為年輕一代成人（young adults）的他們有機會在經濟上成功。

　　《分解人》中的角色們則普遍認知「分解」（unwinding）是一門經濟產業，成人可以藉此掠奪青少年的身體以謀取自己的利益。[4]收割營的一名顧問將她的工作稱為「生意」（business），並談到人們有時只能負擔得起有缺陷的身體部位（269）。正因其有利可圖，故事中另一個成人說：「分解成了一門大生意，人們就這麼讓它發生了」（224）。主角康納（Connor）也提及：「（『分解』）總是和錢有關」（170）。畢竟，《生命法案》使購買身體部位和棄置多餘的生命變得容

---

[4] 蘇珊‧史都華是第一個向我指出《分解人》與吸血鬼小說之間的關聯性的研究者（請參閱"A New Holocaust: The Consumable Youth of Neal Shusterman's *Unwind*" 一文）。

易，儘管「該法案本應保護生命的神聖性，但相反地，它只是使生命變得廉價」（53）。「分解」終究成了一項成功的經濟產業，這就是為何其不會消失。無論如何，它就是成人消耗掠奪青少年身體的一門生意。

在我今天要談論的最後一部小說，潔瑪・莫利（Gemma Malley）的《永生宣言》（*The Declaration*, 2008）中，科學家們研發了一種叫做「更新」（Renewal）的醫學療程，成人可接受此療法以避免衰老。故事中人們很快地公認了此療法的經濟效應：「永生藥」（longevity drugs）的存在是情有可原的，因為「如果人們不老，也不會生病，政府就能節省很多開銷」（29）。然而，人口過剩成了經濟上的迫切危機，因此每個人都同意簽署「永生宣言」（The Declaration），這是一項全球綁定的契約。其中所有人都同意不要有孩子，除非他們選擇退出「更新」療程，不再接受抗老化藥物治療。任何接受更新療程者意外或特意生下的孩子都被稱為「多餘者」（Surplus）；以經濟學上的定義而言，他們就是剩餘商品（surplus commodities）。而使「多餘者」成為「有價資產」（valuable asset）的唯一方法就是教化孩子們完全屈從為奴（servitude），以彌補他們浪費「世界資源」（world's resources）的事實（24）。

「更新」被認為是「治癒」（curing）老年的一種方式，就好像年華老去是一種疾病（28）。年輕人公開批評老年人占取了他們依生命自然循環本該有的位子。其中一個角色彼得（Peter）說：「多餘的是老人，而不是我們（孩子）。」接著，他補充

道：「變得長生不死才是他們不受歡迎的原因，他們卻把這點怪罪到我們身上」（69）。另一個角色認為：「人不該永生……年輕人勝於年邁者」（202）。但小說讓年邁者與年輕人相互較量，剝削利用了這兩個群體對彼此的焦慮。「反抗組織」（the Resistance）的一名成員說：「你們就是未來……年輕人，新血脈和新想法。這就是『更新』該有的意義，而不是延續老年人的生命」（278）。哦，我是否提到了永生藥是如何製成的？它們是從「多餘者」的幹細胞培育出來的，所以在「多餘者」中，青春期的女孩是一種特別有價值的商品。「實驗室都迫切需要……年輕的幹細胞……全世界都是」，因為畢竟「『更新』是頭飢餓的猛獸，它需要不斷的被餵食」（57）。彼得是對的：因應經濟上對稀缺資源（scarce resources）匱乏的憂慮，《永生宣言》又是一個成人掠奪青少年身體的故事。

結語

　　「稀缺／駭人的資源」（Scar(c)e resources），或「稀駭資源」，也許正適合成為本次演講的另一個標題，[5]因為我所提及的這些文本，無論是針對孩童的環保主義書寫、反烏托邦小說和

---

[5] 譯註：講者試圖解構重組英文Scarce（意指珍稀、缺乏）的拼字；若省略了（如同缺少了）第二個字母c後，此字詞Scare則意指驚嚇、恐慌。Scar(c)e resources，可進一步釋義為稀缺資源的匱乏，亦是造成恐懼、恐慌的來源。故此處斟酌翻譯為：「稀缺／駭人的資源」或「稀駭資源」。

具掠奪性成人角色的青少年小說，皆圍繞著資源匱乏的問題。（我必須在此感謝我本次演講的美術編輯：她本身就是個青少年，我十五歲的女兒凱瑟琳！）《永生宣言》中的一個年長者回憶道：「當能源仍充足時，人們認為回收資源、循環利用就足夠了」（196）。這本小說清楚地表明，青少年——而非成年人——應擔負起處理世上稀缺資源不足的責任。一個「多餘者」女孩的父母告訴她：「主政者不希望人們『選擇放棄永生』（Opt Out）……因為這可能會改變權力的平衡。」——但在他們雙雙自殺之前，這對父母仍堅定地認為不是他們自身，而是他們的女兒有責要自救及改變世界（278）。即使成人才是所有文明面臨稀缺資源短缺問題的責任擔負者，但我今天所討論的大多數作品都跟恐嚇青少年有關——為了讓他們對承擔遏止經濟蕭條的責任有感；縱然青少年只有微薄的經濟力，甚至，完全沒有政治力。

　　在這場演講的尾聲，我要向您提出一系列的問題。當成人讓青少年負責修復一個破碎的世界時，這是在賦予其力量（empowering）還是剝奪其權力／權利（disempowering）？透過這些小說，我們是否向年輕的讀者們傳達了我們對他們的信任，也就是，我們對他們的信任超越了我們對自己的信任，以及我們在他們身上看到未來的深切希望？抑或我們（一而再、再而三，而且始終一直）在利用青少年文學從意識形態上壓制他們，堅持認為孩子們**必須**拯救我們，孩子們**必須**為我們的福祉負責？也就是說，這些作品是能激發年輕人具創意性地思考未來如何解決問

題的思想實驗（thought experiments）？還是，他們只是試圖加諸罪惡感，操控讀者和觀眾，使其對一種我們尚未面臨的危機負責？又或者，透過這些作品，我們向青少年表達了我們對自己猶如經濟結構中機器的齒輪，將被比自己年輕的一代棄置汰換的恐懼？確實，藉由書寫具掠奪性──甚至是如吸血鬼般的成人──剝削利用青少年，大部分反烏托邦文學顯示了成人對青少年的矛盾心理（ambivalence）。如果我們考量這些小說如何處理成人在故事中對於在經濟結構上被棄置汰換的擔憂，這種矛盾感尤為明顯。一種可能的解讀是，這些作品並沒有賦予青少年們多大的力量，因為它們表達了我們成人對被年輕人──及被自己有限的生命──所淘汰的恐懼。

奇幻與哲學：大哉問[*]

凱倫・柯茨（Karen Coats）

古佳艷　譯

　　我們這些嚴肅看待兒童文學的人都知道，而其他領域的學者通常難以相信，童年時期接觸的故事，在我們的個人發展以及在文化整體的塑造上，扮演著重要的角色。或許，兒童奇幻故事，就是很好的例子。大部分的人認為童書應該傳達道德意義，提供有關真實世界的訊息給孩子們，但當被問到：奇幻故事是否可以為孩子帶來思索人生存在的、本體的、認識論的問題，並且提升兒童的認知發展潛力？這時，表示認同的人，就相對減少很多。許多批評家甚至認為，奇幻代表著逃離——逃避思想與道德的複雜向度，躲進簡單、不須多使用腦袋的世界。

　　請試著想想看：大部分的民間故事或童話，都有跨越人類與非人類界線的角色，不管那些非人類是神還是魔，是有情感的動物還是會說話的物品，或者是融合了人類與非人類的混血物種。兒童透過故事，思索自己在這些環境裡，與各種不同生物之間的關係，思索人類是否是世界上唯一有情感知覺的生物。民間故事

---

[*] 原文題目為"Fantasy and Philosophy: Posing the Big Questions"，發表於2017年5月13日於國立臺北教育大學舉辦的台灣兒童文學研究學會春季講座。

與童話還常常搬演我們與某些奇特生物的接觸，他們有的生理外表完全呼應內在，而有一些正好相反，內在與外表完全不一致。故事透過這些情節提出的疑問是：看得見的世界，如何與看不見的部分相互呼應？青少年的奇幻故事，常把焦點放在少年的潛力與侷限，他們需要學習哪些東西才能更了解這個世界，還有他們最後終究該如何面對善與惡的爭戰。這些書籍通常帶領讀者跨過門檻，走出現實世界的框限，面對道德價值完全陌生或相異的生物，換句話說，兒童或青少年奇幻文學經常灌輸的不是逃避的觀念，反而要求讀者關注現實人生，並且努力讓現實人生更加美好。

如果事情真是這樣，作為兒童文學學者，我們需要培養強而有力又令人信服的論述，說明奇幻文類在年輕讀者的生命裡，扮演何種力量與重要性，同時讓其他學門的學者、社會各階層，以及我們的學生明白這件事。我們活在一個世俗價值觀越來越強勢的世界，常常從功利主義看待兒童教育的方法與目的，這樣的取向，不僅減低了人生的快樂，坦白說也危害我們的想像能力，抑制我們用不同眼光看待世界或探索人生的哲理。所以今天的演講目的在於提供思考方向，告訴大家奇幻文學除了吸引人的美學與情感訴求之外，還有哪些重要性。

或許我們可以為兒童奇幻文學逐步建立一套辯護系統，說明它並非無足輕重的逃避主義，而是一種對應與滿足兒童真實心理需求和認知發展的文類。這裡，有三個分別取自於認知論、精神分析與文化理論的假設：

假設一，來自於認知論：教育理論家基蘭・伊根（Kieran Egan）認為幻想（fantasy）源自於我們企圖克服二元對立的努力（二元對立起源於早期的童年經驗，始於我們努力想要理解自己與周遭外在世界之間的關係）。也就是說，在孩子學會使用語言之前，已經先學會概念式的對立了。例如：冷／熱、大／小、死的／活的、會動的／不會動的、人類／動物、真實的／想像的——以便於將自己身體的以及他所遭遇的其他物件的感官經驗分門別類。一旦掌握了基本的對立，兒童才能夠進一步區分細微的差異，在極端或對立的概念之間，產生具有漸層差異的光譜。隨著孩子的大腦成長、每天追尋新奇事物，以此構成自然的成長軌跡。例如，在冷與熱之間，冒出溫暖與涼爽；在活的與死的之間，出現了幽靈與吸血鬼；在人類與動物之間，跳出會說話、穿著衣服的動物以及雜交混成的物種，譬如人魚、狼人、神話裡的半人半馬角色。除此之外，心理學家兼哲學家艾莉森・高普尼克（Alison Gopnick）提醒我們：「人類其實並不活在真實世界裡……而是活在一個充滿各種可能的詞語所組成的宇宙，世界既存在於未來的所有可能性，也存在於過去、現在所有的可能性中」（18-19）。她針對幼兒所做的實驗證實：連十八個月大的小嬰兒，都已經可以接受「反事實」（counterfactuals）——也就是說，給小孩一個簡單的問題，他們可以用期盼與想像，測度可能發生的事，不一定得用「錯誤嘗試法」（trial and error），真的去做，再從錯誤中學習。這種能夠「發想」替代情節的能力，三歲的孩子就擁有了。透過想像，他們可以編造出過去事件的反事

實——也就是，他們有能力想像，如果當初做了不一樣的選擇，現在以及未來的情況，可能是另外一種樣子。

第二個假設是來自精神分析。弗洛依德與其他精神分析理論家指出，幻想是經由被壓抑內容的移置與凝縮（displacement and condensation）過程而來。我們會把持續的生理驅力（bodily drives）和帶有威脅性的情感轉化為文化可以接受的形式，以便讓我們可以同時使喚和驅除這些被壓抑的想法與情感。

第三個假設來自當代文化研究。新弗洛依德學派如拉岡，還有其他的文化、文學、心理學理論家認為，「自我」的基礎來自展演／操演（performance），也就是說，「我是誰」這件事，是透過不斷地操練、更新以及重複某些表達自我的方式而形成的——這些表達方式最後都變成再自然不過、理所當然。語言和其他的表達與再現方式，例如故事與影像，都提供了我們文化裡某些垂手可得的形式，讓我們得以建構自我。意思就是說，我們以為是最為私密的自我，其實也不過是我們自己對文化所建構的幻想的重新扮演（enactment）罷了。我們對文學文本的回應是反饋迴路（feedback loop）的一部分，「反饋迴路」將自我與我們的現實世界和文學作品相互連結，這代表文學文本當中的優勢意符是和／或從我們個人記憶與伴隨個人記憶而來的情感連結起來。

從這三個假設作為起點，那麼某些與兒童和青少年奇幻文學相關的東西，就會浮現在眼前。首先，我們可以追隨伊根與高普尼克的說法，宣稱兒童在發掘自我與認識外在世界的過程中，會

使用隨著成長天生就擁有的認知工具，了解現實中的事物。特別是兒童可以利用語言、圖像和故事把外在世界區分為：可以接受的和不可以接受的行為、可能的和不可能做到的「任務」（affordances；所謂「任務」的意思是我們或其他物品因著生理構造的條件與侷限可以完成的事）。不過，孩子們同時也利用認知的能力編造「反事實」，想像在另類的世界裡，事件可能會有什麼樣的樣貌。幻想讓孩子在越過界線之後，發現界線的存在；幻想也提供機會讓孩子們在對立的兩極之間，試驗出漸層的光譜。舉個例子來講，人類無法在水裡生活，但透過想像某些物種的水中生活，孩子就可以從故事裡了解，水底生活的優勢以及缺點。兒童在某個時刻了解到人類的生命是有限的，透過故事也可以想像如果他們或其他人可以長生不老，生命會有什麼樣的不同？如果死亡不存在，會有什麼好處？而且更重要的是，如果人不會死，又要付出什麼代價？

　　第二，如果我們把伊根、高普尼克和弗洛依德都結合在一起，可以發現，概念性語言的二元對立被打破，以漸層的光譜取而代之，是一種移置與凝縮的方法，讓兒童與青少年讀者內在的壓力與外在的威脅獲得舒緩。換句話說，奇幻故事提供孩子管道，移置和凝縮處理揮之不去的迫切生命憂慮。這些他們心中看重的事，或許還無法用語言表達出來，抑或許太過困難，無法用直白的方式呈現。例如，兒童奇幻文學當中，歷久不衰的譬喻之一就是各種版本的「家園喪失」與「家園重建」故事。對孩子們來說，這個恐懼非同小可——而他們在某個人生階段，的確要離

開現在的家，尋找並建立自己的家。如果把這樣的任務放入寫實小說來呈現，那麼一方面可能不務實，另一方面太沉重、太痛苦，但如果把這樣的過程寫成奇幻故事，讓主角歷經困難之後達成目標找到新家，那麼心理需求，如探險的好奇心與安全感都被滿足了。這趟旅程絕不輕鬆，或許還非常恐怖險惡，但小讀者將會發現，只要有需要，力量、智慧與幫助都一路相伴。

隨著孩子進入青少年時期，他們需要生命意義與價值的再確認，往往這時他們最具有理想性、對大範圍的社會議題也有強烈的反應。奇幻作家塔莫拉・皮爾斯（Tamora Pierce）曾提出一個令人眼睛一亮的論點，說明為什麼青少年閱讀奇幻故事，對這類作品反應熱烈。她認為青少年和成人不同的地方在於，他們尚未遇見過太多的兩難困境或無解的狀況（"Fantasy" 50），他們對於理想的熱情與對現實的挑戰尚未遭遇挫折，所以他們把奇幻小說當作是一種「充滿可能性的文學」（a literature of possibilities；50）。特別是奇幻文學常常描繪的世界裡，受壓迫的族群也能夠取得培力（empowered）。在這類故事裡，平凡、不特別出色的人成了英雄，而魔法成了「造就弱者，讓他們能夠與強者平起平坐的工具」（51）。

不過，最後皮爾斯還是承認，奇幻文學對於讀者的吸引力，在於逃避令人失望的現實，特別是失能家庭（功能不健全的家庭）所帶來的創傷。如果我們仔細查看奇幻故事裡的孩子，如何找到進入另一個世界的門路，就會發現答案不出以下三種。第一種是：為了打發短暫的無聊時光或乏味的日常生活，如《愛麗

絲夢遊奇境》（*Alice in Wonderland*, 1865）、《小飛俠彼得潘》
（*Peter Pan*, 1911）、《獅子、女巫、魔衣櫥》（*The Lion, the Witch and the Wardrobe*, 1950）、《神奇收費亭》（*The Phantom Tollbooth*, 1961）、《第十四道門》（*Coraline*, 2002）。第二種是：躲避無法面對的巨大創傷，例如《馬伯里鏡片》（*The Marbury Lens*, 2010）、《墓園裡的男孩》（*The Graveyard Book*, 2008）。第三種是，脫離令人不愉快的封閉生活，例如《奧秘匕首》（*The Subtle Knife*, 1997）、《哈利波特──神秘的魔法石》（*Harry Potter and the Philosopher's Stone*, 1997）、《波西傑克森》（*Percy Jackson & the Olympians*, 2005）。書裡面的年輕主角，因為以上三個原因而走進通往另類世界的門路；同樣地，讀者也因為類似的原因，一頭栽進厚重的奇幻小說世界。

　　但或許，鼓勵青少年閱讀奇幻文學再尋常不過的理由，其實來自於認知科學。簡單不過的事實告訴我們，幻想是人類成長過程的必要活動──不只對個人大腦發展有益，也對集體社會進步意義重大。對個人來講，想像超乎日常生活現實的各種可能性，對促進大腦發育有幫助，就像重量訓練對肌肉的鍛鍊有益一樣。藉由引導讀者想像不屬於現實的事物，或甚至與現實世界矛盾的事物，凸顯認知上的不協調，引導讀者注意現存的路徑。這樣的凸顯與強調，迫使讀者採取或建立新的神經連結，活化腦部各個不同的區域之間的聯繫，刺激大腦的發展。對人類社群來講，幻想可以刺激集體解決問題的能力，培養眺望未來的認知技巧──也就是培養預想未來願景的能力，這樣才能一同努力推動那些尚

未實現的計畫。

雖然有這麼多優點，奇幻文學一直以來，甚至到現在，仍然有很多批評者。有些人就是對奇幻沒有好感，他們或許還會認為思索日常生活的細節時，帶入概念式的兩極之間有漸層的光譜這件事，覺得倒胃口、詭異或者多此一舉，也或許，他們害怕或厭倦那種一再強調「奇幻是一種擁抱改革理想」的說法。他們看不到，或者說——他們主動抗拒，不想看到從每天的生活當中可能擠壓出的深切真理，還有對未來的可能盼望。如同奇幻作家娥蘇拉・勒瑰恩（Ursula Le Guin）所強調的：

> 奇幻當然是真實的，也是事實，小孩子知道、大人也知道，而且正是因為這個原因，很多大人害怕奇幻故事。他們了解，奇幻所揭露的真相會挑戰以及威脅到他們讓自己勉強過著的那種生活……在那樣的生活裡，所有的錯誤、偽裝、多餘的以及瑣碎的東西，都受到奇幻的挑戰與質疑。換句話說，他們害怕龍，是因為他們害怕自由。（44）

對很多人而言，問題於是轉向到道德倫理上去了。如果寫實主義背後的道德支撐，是要人們嚴肅面對生命的棘手問題和社會弊病，那麼一趟前往永無島的旅程、或是飛往蘑菇行星的冒險，或甚至是在故事當中宛如親臨現場，參與和非人類軍團對抗的戰役，又可能帶來什麼樣的的價值呢？兒童與青少年文學肩負的任

務，從來就不只是娛樂。在美麗的裝飾底下，兒少文學比起直接了當的說教，更有一種有魅力的誘惑，也就是說，透過作者的個人視野，兒童文學委婉地帶入文化價值。所以，我們該為奇幻文學做出什麼樣的辯解呢？依據什麼理由，我們可以在孩子的腦袋裡灌輸荒唐的想法，以為動物可以說話、玩具有自己的慾望，而每一個平凡的孩子，可能前面有著不平凡的命運等待著他呢？

　　的確，理性的教育家與道德家不遺餘力地向年輕讀者推廣十八世紀歐洲啟蒙主義，像安娜・利蒂希婭・巴鮑德（Anna Laetitia Barbauld）、漢娜・莫爾（Hannah More）、瑪利亞・埃奇沃思（Maria Edgeworth）、瑪麗・吳爾史東克拉芙特（Mary Wollstonecraft）和薩拉・特里默（Sarah Trimmer）等人，都堅信兒童應該遠離所有的幻想故事，包括當代奇幻文類的源頭——民間故事。反對的理由很多，從階級的敵意（認為粗鄙的農夫沒有文化）到宗教的立場（認為奇幻故事都是騙人的把戲，沒有根據或者有道德瑕疵）（Townsend 32）。今天，以上這些反對理由仍然餘音繚繞，只不過，不再提農夫的文化粗鄙，而是以不屑的口吻批評——幻想故事品味通俗或教育層次太低、輕浮，只知逃避現實，至於道德方面，則有來自各種基本教義派觀點的質疑。但遠在浪漫主義崛起的時代，再次重視想像力的呼聲與傳統文類的復興相應和，搭配著兒童被塑造成唯一「還能欣然看見那光以及未來的一片輝煌」的人（Wordsworth, "Imitations" par.70），就讓十九世紀初產生了兩大類的兒童文學。第一類以彼得・帕利（Peter Parley）作為代表，彼得・帕利是筆名，這位原來名字

叫做古德里奇（Samuel Griswold Goodrich）的美國作家，專門
創作氣氛輕鬆的寫實小說和非虛構寫作（nonfiction），附上條
理清晰的道德教訓，引領一股眾人模仿的寫作風潮。另一類兒
童文學，則倡導具有娛樂價值的幻想文學，例如凱瑟琳‧辛克
萊（Catherine Sinclair）以及書寫《家庭寶典》（*Home Treasury,
1841-1849*）的亨利‧柯爾（Henry Cole），擺明了和彼得‧帕
利打對台。這兩種兒童文學都相當受歡迎，但是到了維多利亞時
代，品味慢慢轉移，不再把孩子看成不理性的罪人，需要灌輸理
性與道德教育；而是把兒童看成是上天的禮物，是天使，給他們
美妙溫馨的娛樂就足夠了。大部分研究文類的歷史學者都認同，
當時正是充滿活力的新文類──現代兒童奇幻故事──出現的時
機。

　　我想，對於這段歷史，我們還可以挖掘得更深一些，讓我們
不僅僅可以了解科幻文學的起源，也可以洞察兒童與青少年文學
的核心。誠如沙佛（Barbara Safford）所言，現代奇幻文學是從
更傳統古老的說故事形態擷取骨架，民間故事、神話、史詩等等
古老的故事形態都根植於一種「混雜的感知：世俗當中含有神聖
或不信神的凡人，其與神明交纏的肉搏角力」（請原諒我在這裡
只選用了man這個詞代指人，但不管男女性別，每個人都在他的
位置上和許多事物有許多的掙扎拉扯和角力）。歐洲啟蒙時期崛
起的理性思維與實證思想，一貫的做法就是特意區分「神聖的」
與「非宗教的」，不然就是偏愛某種敘事方式，把它當作是唯一
的真理。所以，西方人說故事的方式，受制於一種我半開玩笑稱

之為「Spanx™效應」的狀況。Spanx™是一個彈性束身內衣品牌，功能是要把我們身上的一團團柔軟、多餘、有礙觀瞻的贅肉包裹起來，雕塑理想身型，但經過雕塑的身型，只是假象：那團贅肉還是存在，只是隱藏起來。人類透過想像力的琢磨，思索人類在宇宙中的位置以及我們與神的關係，這些充滿想像力的思索，就是神話故事或傳說、迷信，一直被理性主義視為令人難堪的贅肉，想要極力壓抑或隱藏。然而，科學或邏輯推理無法解決的問題就算被壓制下來，也不會消失。反倒是上述這些非宗教的、甚至荒唐的物質隱喻，更能引發深刻的探討。再說得更清楚一點：邏輯不能解決精神層次的問題，這時奇幻文學時常可以發揮作用，成為那些崇高的、形而上問題的世俗化、物質化隱喻，奇幻文學可以清楚而具體的呈現抽象的概念，例如善與惡，並且為那些眾人共同經歷卻無法輕易自行找到解答的感受經驗，提供可以具體討論的例子。的確，或許人類生存的真實想像和彈性塑身衣裡的身體很類似，我們所感知的宇宙，我們看得到、聞得到、聽得到、嘗得到、摸得到，甚至可以透過外接儀器（如顯微鏡和望遠鏡）來觀察，但那不見得就是人類生存的真相。兒童與青少年科幻小說提供的是一個機會，一個如尼爾森（Victoria Nelson）所言，或許「**甚至是唯一被恩准的那一個，也是主要的那一個**，像我們這樣世俗的（非宗教的）科學文化，儘管沒有以無意識的方式，我們卻仍然得以想像和面對神」（xi；粗體為本文作者所加）。

　　那就是我們目前的景況。但，我們如何走到今天這一步？

十七、十八世紀時，世俗科學論述與自然神論興起。自然神論接
受上帝是造物主，但是他們相信，一方面造物主讓所有自然的
力量就緒後，就不再介入；另一方面，造物主所造的自然，僅能
夠經由理性去認識，而不是經由神的啟示或個人經驗去領悟。於
是重點轉移到——人類到底可以運用科學方法、測量尺度知道或
可以造就什麼？而不再是經由想像與拼湊，思索人類與神明之間
有什麼樣的關係。洛克（John Locke）宣稱，人類就是歷史的總
和，而歷史不是別的，就是透過人類的介入，精心安排所構成。
如此，把信仰與命運歸於一邊，而人類的知識與介入歸於另一邊
的做法，不僅僅為理性打開了不信神的大門，也促成了以人的意
志作為基礎的民主制度的建立，不再相信君權神授的說法。1765
年，有位法國不知名的作家發明了人本主義（humanism）這個
字，以便指稱這種橫向多過於垂直關係的意識形態，他寫道：
「人類之間廣泛的愛……一種至今我們還不知道如何稱呼的美
德，姑且稱為『人本主義』好了，此時正是為這個美好又必要的
東西命名的好時機」（Giusteiniani 175）。那些集結的力量造就
了世俗人文主義的發展，從某個層次而言，以人性取代神性，推
翻了長久以來神作為愛、恐懼、關注與尊敬的主要對象。

　　從許多方面來說，兒童與青少年奇幻小說所回應的社會狀況
和寫實主義崛起時的狀況很類似。但兩種文類的回應方式完全不
同，對於人類現實本質以及人類自發行動的侷限，抱持著完全不
同的態度。寫實主義描繪的主要是歷史情況——某時、某地、事
件的因果關係，或者從世俗科學的框架所觀察到的心理的和社

會的現實，甚至在處理人與神的關係時，也是如此。例如，寫實小說裡的角色，如果向神禱告，描寫的重點會落在這個角色如何詮釋他所面對的情勢和看見的符號，因為這些都被視為神對他的禱告的回應或不回應。但奇幻小說則質疑人對於意識形態內涵框架裡的自身狀況，是否有足夠的理解，比如說，在科幻小說裡，神會直接透過阿波羅的神諭、亞瑟王童年時期從石頭裡拔出來的劍，或者哈利波特裡的分類帽向人說話；而死去的人，還可能復活。也就是說，奇幻故事邀請讀者思考，是否有個能夠與人類互動的、超然的現實存在，而且會真實地影響人的生命。

　　兒童與青少年奇幻之所以能夠發展，依賴的歷史條件是什麼呢？要回答這個問題，我們需要先觀察以人為中心、以人的價值作為主要考量的態度，也就是世俗人文主義（secular humanism）。世俗人文主義的樂觀，我們今天仍然常常可以見到：它標榜人類的治理系統可能達到完美、信奉集體理性主義，並且認定科學可以為永續的未來提供解答。但是從另一方面，弗洛依德卻宣告人類天真地對於「自我的愛戀」，已經遭逢一連串的三個打擊（284-285）。第一個打擊來自哥白尼的發現：地球不僅不是宇宙的中心，還只是浩瀚無垠的宇宙系統裡的一個微小微小的部分而已。第二個打擊來自達爾文（1859），他成功地推廣了演化論，讓我們知道人類並非身分特殊的受造物，只是一個因為意外，而從動物本質逐漸演化出來的物種罷了，與動物相去不遠。第三個打擊來自於精神分析本身，透過無意識的理論，直指人心理的分裂狀態。換句話說，我們所信仰的科學、能夠解救

我們的科學，其實內部深藏懷疑的種子。

　　此外，我想強調一下市場的力量，投機式的投資如海洋冒險等等，改變了人類賺錢的方式和財富的流通。我們知道，把資源投注在未來，等著收穫的日子來到並不是新的想法，農夫很早就這麼做了。不過，農業的收成是摸得到的實體物品，付出去的金錢可以換得帶來溫飽的食物和飲料，或者加工做成布料，整個交易充滿了穩固紮實的物質性。然而十八世紀早期，不肖商人卻肆無忌憚地開始向人兜售天馬行空、根本不可能實現的投機活動股票。例如，從蔬菜回收陽光、根本沒有動工計畫的南美洲鐵路，有許多唬爛投資人的秘密計畫，讓買了股票的人除了簡單的握手和口頭承諾之外，最後什麼都沒有，只剩壁紙一張。雖然在〈泡沫法案〉通過之後一直到1825年，類似的業務都變成非法交易，安東尼‧特羅洛普（Anthony Trollope）就在他的小說《紅塵浮生錄》（*The Way We Live Now*, 1875）譴責過這種退縮式的變動，這本小說以寫實的手法，批判經濟投機在社交場合以及藝術領域所帶來的效應，讓產品的真正價值從黃金降至紙張，再從紙張縮小到短短幾個字。如果要問：經濟變動的效應，在兒童奇幻故事的主題發展帶來什麼樣的影響？或許我們可以推測，就像十九世紀末頹廢派對唯心論越來越有興趣，兒童奇幻文學表現的徵象是，對於看不見的事物有了信念意志（a will to believe）。同時，也傳達了懷疑論，像卡若爾（Lewis Carroll）在兩本《愛麗絲夢遊奇境》中一再玩弄的遊戲——文字與它再現的現實之間的不穩定關係。接下來我還要提醒，這種對於文字與物品之間關

係的懷疑與弗洛依德所講的另外三個信仰的危機結合，一同構成
十九世紀末兒童與青少年奇幻文學之所以能夠崛起的條件，而且
正是從那裡，今天的兒童奇幻站穩腳步，仍然保有一貫的意識形
態內涵。

現在讓我們做些大膽的廣泛陳述。我認為我們對於兒童與青
少年奇幻會有更深入的了解，如果我們考量它的四個核心問題：

1.（哥白尼之後）宇宙的盡頭到哪裡？
2.（達爾文之後）人類的定義是什麼？
3.（弗洛依德之後）理性的心智之外還藏著什麼？
4.（股票市場之後）語言與現實世界的關係如何？

儘管傳統民間文學裡對這類問題的處理相當廣泛，他們在當
代奇幻文學的姿態樣貌，主要還是取決於世俗科學思想的角度。
那麼，我們先看剛才的最後一個問題：語言與現實的關係。例
如，說出一個字或一個名字，就能夠召喚魔鬼？綁住巫師？或是
啟動咒語？如果答案是肯定的，那我們就在另一個世界；今天在
我們的世界，名字已經不再具有召喚神靈或魔鬼的功能。因此，
像是《神奇收費亭》裡的語言遊戲，《夏綠蒂的網》（*Charlotte's
Web*, 1952）裡呈現的語言影響感知，還有《愛麗絲夢遊奇境》
所提出的文字到底有沒有意義的問題，都成為奇幻文學的探索重
點。上面的第三個問題，是有關理性的心靈與它的無意識深淵之
間的差異。奇幻文學中的夢境和發燒或者頭部撞到牆壁差不多，
通常不會被看作是神奇、不可思議，來自神的啟示或洞見，而且

他們往往是清醒生活中物質內容的反射或變形。所以，農場上的工人化為稻草人、錫人和膽小的獅子；胡桃鉗跟人一樣會動；而白色的兔子可能會大聲責備小女孩要遲到了。當這些是預兆或幻影的時候，做夢的人具有特別的超人能力或擁有不凡的命運，也就是說：做夢的人已經脫離了正常的人類參數與理性的界線。至於第一個問題，自從發現地球不是宇宙的中心，我們的感知觀點已經改變，但拜現代科技之賜，我們已經可以從事地心探險，或者飛離大氣層，甚至外星人可能來訪。

但或許兒童與青少年奇幻文學最重要的主題與人類身分的定義有關——也就是說，我是哪種生物？誰跟我相像，跟我同一類？在我的世界裡，我和其他動物的相似與差異在哪裡？在我的世界裡，我和其他東西的關係如何？前面幾個問題都是幼兒動物奇幻故事的核心主題，例如伊士曼（P.D. Eastman）的《你是我的媽媽嗎？》（*Are You My Mother?* 1960）、沙德勒（Marilyn Sadler）的《做隻兔子不容易》（*It's Not Easy Being a Bunny*, 1983）、漢奇斯（Kevin Henkes）的《小白兔》（*Little White Rabbit*, 2011）。當孩子稍微長大一點，這些問題還是持續存在，但隨著他們對外界的界線與威脅了解得越多，標準也越往上提升。他們會問：我有什麼樣的力量？誰比我有力量？死亡是什麼？為什麼我們會死？我們可以回想在《夏綠蒂的網》這本書裡，芬妮因為爸爸想把小豬韋伯殺掉，激動地與爸爸爭辯，提出有關生存危機的質疑：

　　芬妮說：「那不公平！小豬那麼弱小，不是他自己願意
的，不是嗎？如果我當初出生的時候也是那麼小，你會
把我處理掉嗎？」（White 3）

　　兒童和青少年常常喜歡想像自己是人類以外別的東西，早期
的奇幻故事，如〈小美人魚〉（"The Little Mermaid," 1837）、
《水孩兒》（Water Babies, 1863）、《木偶奇遇記》（The
Adventures of Pinocchio, 1881），人類的形體是被渴望的目標，需
要透過正直的行為才能取得，但這樣的期待，後來竟然也意外成
為支持演化論的力量。在整個二十世紀，動物奇幻故事、具有人
類形體的機器、會改變外型的小孩等等，一方面推廣尊重界線與
不同物種的概念，另一方面認可人本主義的價值與人類的優勢。
例如，麥德琳・蘭歌（Madeleine L'Engle）的《時間的皺褶》（A
Wrinkle in Time, 1963）就歌頌人類的愛與不完美，相較於喪失人
性的極權統治，在故事裡是以一顆跳動的大腦「它」作為代表，
小說裡最可愛的角色，反而非「野獸阿姨」莫屬。

　　還有一些奇幻故事夾帶了顛覆人本主義立場的可能性。羅
德・達爾（Roald Dahl）的《巫婆》（The Witches, 1983）就是一
個例子。當故事裡不知名的主角小男孩，被巫婆變成一隻仍然具
有人類感知能力的老鼠後，小男孩發現巫婆想把全英國的男孩
都變成老鼠殺死，於是成功地阻止了這件事。男孩後來得知自
己無法恢復成人類的樣貌，而且生命會像老鼠一樣短暫，他卻
沒有憂傷，只是估計反正自己並不想活得比祖母更久。吉卜林

（Rudyard Kipling）的《叢林奇譚》（*The Jungle Book*, 1894）當中的主角毛克利（Mowgli）並不想回到人類的村落定居。蘇斯博士（Dr. Seuss）的大象荷頓（Horton）甚至極力為非常渺小、我們眼睛看不見的生物爭取權利。甚至在彼得‧迪金森（Peter Dickinson）的小說《伊娃》（*Eva*, 1988）裡，女主角伊娃把自己的大腦移植到一隻名叫凱利的猩猩身上，輾轉安排了逃脫計畫，進入叢林與黑猩猩同住。當人類破壞黑猩猩的棲息地之後，伊娃甚至與黑猩猩交配，生養聰明的下一代。此外，外星人也變得討人喜愛，如泰德‧休斯（Ted Hughes）的《鐵巨人》（*The Iron Man/The Iron Giant*, 1968）和史蒂芬史匹柏（Steven Spielberg）的《ET》（*E.T.*, 1982）所呈現的。

二十一世紀的最開始這十幾年，我們看到奇幻文學裡大量出現跨界生物，例如狼人、吸血鬼以及奇美拉（chimera，獅頭羊身蛇尾吐火的女妖）。但這些非人類生物只有少數在作品裡是反派角色。事實上，我們可以說，在二十一世紀青少年奇幻小說裡，怪獸已經從床底下跑到人群當中了，甚至在兒童文學裡，怪獸變得友善，甚至可以幫助孩子對抗生活中不友善的人類。此外，有越來越多圖畫書裡利用動物作為自我選定的（self-selected）身分認同隱喻，所以動物不再只是特定物種或類型身分。例如，跳跳貓系列童書（*Skippyjon Jones*, 2001），主角是隻想像自己是吉娃娃狗的貓，雖然有人批評跳跳貓這角色冒犯了拉丁美洲族群，不過他的人氣，已經直逼超級巨星了。維爾（Rachel Vail）的《兔兔豬》（*Piggy Bunny*, 2012），創造了一

隻一心一意要讓自己變成復活節兔子的小豬，儘管小豬的爸爸媽媽保證，他是豬他們也一樣愛他都沒有用，小豬強調，他就是他，他就是一隻想要變成兔子的豬。在這樣的故事裡，如果你懷疑自己聽到一點點跨性別認同的回音，我也不敢說你錯了！

　　現在，我提出一個未經驗證的假設：就是，根據許多文化理論家的說法，人本主義正轉型過渡到後人類主義，藉著廣泛使用「後人類主義」（posthumanism）這個名稱，理論家採取對傳統的人本主義與人類本質等等概念的批判。他們問的問題包括：人類本性天生就有性別差異嗎？種族認同是無可避免的嗎？人類的行為、特別是人類的道德和慾望，與其他動物差距是否不遠呢？隨著科技的進步，人類與科技的介面改變，這又會如何影響我們看待自己身體的方式呢？或許我們永遠不會變成一顆放在盆子裡的大腦，但卻可能變成快樂的賽博格電子人（cyborg）；也許人類的大腦，可以被移植到猩猩或超模身上？也許虛擬實境的玩家可以進入其他空間身歷其境的來一趟冒險？因此，我的假設是，現代兒童與青少年奇幻文學一點兒都算不上是逃避主義者的輕鬆娛樂，反倒是對於幾個世紀以來困擾哲學家重要問題的大哉問！不僅想問人類在宇宙中的位置到底如何？也想問：現實（reality）與我們透過語言和圖像的再現（representation），到底是什麼關係？最重要的是，從達爾文以來，兒童與青少年奇幻文學一直在探討「人到底是什麼」，要讀者好好思考人類的本質與侷限，同時也種下了意識形態的種子。目前，那些種子，已經開始長出「後人類倫理」的花朵。

間／介：
翻譯、插畫與教學

In-between: Translation, Illustration, and Pedagogy

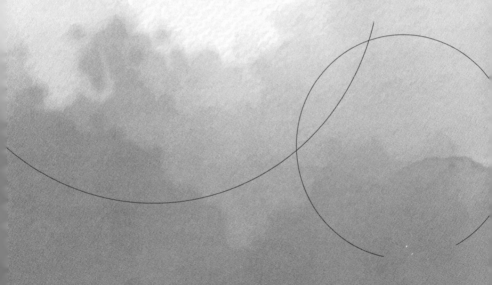

「只要英文書」：
抗拒效益下的童書翻譯*

吉蓮‧雷希（Gillian Lathey）

古佳艷　譯

在這個講求文化全球化以及兒童文學國際化的年代，從其他語言翻譯成英語的童書，數量卻是非常非常的少，這樣的結果令人遺憾，但其實肇因於英語在國際舞台上的角色。多數領域的學者都不會反對，英語在世界各地都占有優勢，國際翻譯流向（translation flow）變化多端，會隨著多重的經濟、政治與文化因素波動，社會學家海布隆（Johan Heilbron）設想了一個調控全世界翻譯交流的位階體系，觀察已經出版的翻譯作品可以發現，英語在體系裡占據核心位置。另一方面，法國文學批評家卡薩諾瓦（Pscale Casanova）從政治角度觀察優勢語言與弱勢語言，指出在翻譯交流的態勢當中，不平等關係以及權力鬥爭是

---

* 原文題目為"'Only English Books': The Translation of Children's Books in a Resistant Economy"，發表於2018年11月24日於東吳大學舉辦的台灣兒童文學研究學會國際學術研討會「翻譯與兒童及青少年文學」（Children's and Young Adult Literature in Translation），本文為大會的主題演講。

家常便飯，而目前是由英語占據了優勢地位。[1]翻譯學者韋努堤
（Lawrence Venuti）的結論則是：英語已成為全世界最常被翻譯
的語言，然而以英國與美國出版業的龐大出版量、技術純熟度和
經濟的穩定度來看，英語卻因此成為譯入數量最少的語言之一
（*Scandals* 160）。韋努堤甚至更進一步在他1998年的《翻譯之
醜聞》（*The Scandals of Translation*）那本書裡直呼，這種的「不
平衡交流」坐實了英語的文化霸權和世界主導地位，對美國和英
國來講「實在難堪」（159）。

　　因此，英語作為翻譯的目標語言，是處於劣勢的。朵娜赫
（Jasmine Donahaye）2012年在斯旺希（Swansea）大學做了一份
針對英國與愛爾蘭所出版的翻譯文學作品的統計報告，以2000、
2005和2008年作為取樣，發現翻譯書可能只占所有出版品總數
的百分之三而已，至於翻譯的兒童文學出版品，目前則只占每年
童書出版總數量的百分之二左右而已。倘若我們做個比較，在台
灣翻譯書大約占出版總量的百分之七十到七十五，童書的部分，
比例差不多也是如此，在北歐的芬蘭，大約是百分之八十，至於
在法國和德國，則是百分之四十左右。

　　今天，我想把焦點放在英國為了扭轉眼前的強烈不平衡狀
態，採取了哪些正面的措施。在芬蘭這樣的國家，翻譯書占了童

---

[1] 關於這類的翻譯模式分析數據，來源大多依賴個別國家的統計，或是聯合國教
科文組織的「翻譯索引數據庫」（UNESCO Index translationum）。學者們都承
認，這些數據的來源不可避免地可能不夠完整，甚至不完全可靠。

書出版數量的百分之八十，本土作家面對翻譯書排山倒海的氣勢，需要更多的支持，但是在英國，反過來是譯者和翻譯書需要支援。

　　首先，我要介紹兩種看法，兩種造就了英國人小心翼翼提防外國文學態度的看法，第一個來自過去，第二個來自於現在。1802年薩拉‧特里默（Sarah Trimmer）夫人，也就是《教育守護者》（*The Guardian of Education*）月刊（1802-1806）的總編輯，曾經語重心長地發出迫切的呼籲，《教育守護者》是一本結集書評、文論和通訊報導的月刊，在當時極有影響力。特里默夫人本身是一位強勢的兒童教育家，特別注重聖經教導，她認為教英國兒童學法文，造成了「數不清的禍害，等於是開了一扇門，讓歐陸那些背叛、敗德的潮流利用法文書作為跳板，湧入這個國家」（406）。

　　面對這股從歐陸湧進英國的狂潮，特里默夫人高喊「只要英國書」（407），認為唯有如此才能確保聖經教導在兒童道德教育裡的根基。從那時起，英國就有了抗拒兒童文學翻譯的態度，雖然背後的理由不盡相同，但直到今天，童書翻譯的出版仍受到阻礙。英國的全國性平面媒體《衛報》（*The Guardian*）2016年6月6日禮拜一刊出一份書單，題目是〈哪些書最能夠幫助兒童認識歐陸〉，發表這份書單的時間，就在英國的脫歐公投之前十七天。書單後面還附上經過英語作家審核評估的每一本書書評，以及《衛報》讀者所推薦的翻譯連結。

　　從路得威‧白蒙（Ludwig Bemelman）的《瑪德琳》

（*Madeline*, 1939） 到凱瑟琳‧郎德爾（Katherine Rundell）的
《屋頂上的蘇菲》（*Rooftoppers*, 2013），兒童文學經常出現歐洲
大城市的奇妙洞見——適合作為旅行的參考或政治觀察的思索。

　　掌握歐陸生活最迅速、最簡單的方式就是瀏覽有關歐洲大
城市節慶相關的書籍。這類圖畫書，例如伊恩‧福克納（Ian
Falconer）那本歡樂的《奧莉薇遊威尼斯》（*Olivia Goes to Venice*,
2009），觀光指南的功能可能大於真正的生活內涵說明，但不可
否認的是，這樣的圖畫書，的確向讀者迅速地介紹了一個城市最
著名的景點。

　　當然，另一種不錯的選擇是閱讀歐洲書籍的英譯本。從高盧
英雄艾克思（Asterix）到丁丁（Tintin），我們在這裡可以看到
作者與讀者推薦了一些很棒的書。

　　這種對於進口小說的長期抵制或根深蒂固的缺乏認知，確實
造成了英國翻譯童書出版一直以來飄忽不定的命運。翻譯書當
然也有出版的高峰期：的確，正是特里默夫人大聲疾呼「只要
英國書」的時代，雖然顯示當時有一股抵制法國文學的情緒，
但反諷的是，十七世紀末、十八世紀初，事實上正是英國與法
國文化思想交流的活躍期。法文書，例如德波蒙夫人（Mme de
Beaumont）的《兒童雜誌》（*Magasin des Enfants*），裡面出現了
〈美女與野獸〉的故事，當時也在倫敦出版。另一個翻譯作品的
出版潮，發生於二十世紀中期，1950到1970年代之間，當時英
國的出版社為兒童引進了北歐文學，包括瑞典的林格倫（Astrid
Lindgren）和芬蘭的朵貝‧楊笙（Tove Jansson）的作品。

　　縱使英國出版界對外國的兒童文學作家的幾波興趣，曾經興起小型的浪潮，然而英國兒童文學自十九世紀中葉以來，在國內建立的堅實傳統以及在國際舞台上的主流地位，讓翻譯文學的空間受到強烈壓縮。兩者之間的懸殊差異在全球化來臨的年代變本加厲。《哈利波特》系列和相關作品就是明顯的例子，從兒童文學的跨文化傳遞來觀察，我們看到英語的地位更加強勢。此外，英語成為國際通用語言，衍生的問題包括：年輕一代對於學習外國語言缺乏信心（雖然很多孩子本來就是雙語背景，這個我稍後會再討論），以及學校常常猶豫應該在課堂上教哪幾種語言，這兩個狀況（學習外語缺乏信心和學校該教那些語言）都讓英國兒童對於翻譯文學興趣缺缺。再來，從扮演關鍵角色的出版公司的角度來看，訪談、文章還有研究資料都顯示，英國還有美國的童書出版社把他們對於翻譯書的保留態度歸因於：昂貴的製作成本、合適的譯者不好找、市場銷售情況不佳——如果出版公司內部懂外語的人員不多，就只能信任譯者的說法，無法發揮自己的專業直覺（Flugge 18-20; Owen 20-23; Lathey 159）。

　　所以，英國的小讀者從其他國家出版品獲得的文化、語言與美學刺激非常有限。那麼，出版商、編輯、譯者、批評家和教育人員，如何介入那些數量不多的翻譯童書？當英國兒童閱讀翻譯書的經驗很少時，這情況對譯者的翻譯策略，會造成什麼影響？那些了解翻譯書的市場黯淡，卻願意冒著財務風險投入的出版商，是出於什麼樣的動機？未來，英國各地的地區性與全國性促進翻譯童書出版的獎勵有哪些？這些都是我今天演講所要探討

的，而我的觀察重點：第一，出版社與譯者如何介入翻譯文本；第二，我會介紹幾個致力於修正英國出版不平衡狀況的獨立出版社作品；第三，我將討論一些專為鼓勵出版社投入翻譯書的製作，以及促進兒童對於翻譯過程興趣的地區性與全國性獎勵。這些方法與政策並不是英國的獨特現象，他們都與全球經濟體系裡的兒童文學傳遞所涉及的普世問題密切相關。

翻譯作為中介（mediation）

英國兒童文學翻譯史裡可以找到實例，觀察出版商與譯者介入翻譯的多重形式。有的介入是為了協助「外國」作品順利融入英國書籍市場；有的則是為了讓這些翻譯作品貼近兒童讀者的情感與心靈狀態。出版社偶爾會訴諸一個行之有年的行銷策略——讓成名的英國童書作家為翻譯作品背書。例如，《小熊維尼》（Winnie-the-Pooh）的作者米恩（A.A. Milne）在1934年為法國童書《大象巴巴的故事》（The Story of Babar）的第一個英譯本寫了一篇推薦文，結尾說「我向德布倫諾夫先生（M. de Brunhoff）致敬，臣服在他的腳下」：

> 身為孩子的你，如果沒有被這些迷人的角色打動；如果不曾花幾個鐘頭，愉快地埋首在他們的冒險故事裡，深怕漏掉精彩細節；那麼，你這一輩子只能戴著手套，永遠和潮濕的草地無緣。我已無法再多說。我向德布倫諾

夫先生致敬，臣服在他的腳下。（2）

　　童詩詩人德拉梅爾（Walter de la Mare）則在凱斯特納（Erich Kastner）的《小偵探愛彌兒》（*Emil and the Detectives*）1931年出版的英文版（Margaret Goldsmith譯）序言裡，溫柔地安撫兒童讀者，向他們保證「這本德國故事書裡所描述的每一件事，都**很可能**明天下午就發生在倫敦、曼徹斯特或者格拉斯哥」（13；粗體為本文作者所強調）。

　　所以，德拉梅爾認為：沒有必要讓孩子特別意識到愛彌兒的名字很奇怪，以及故事發生的背景柏林是個陌生的城市。

　　而我們所處的二十一世紀，有些出版公司和編輯卻傾向於喚起兒童對於翻譯過程的興趣，以及對於譯者作為陌生文本的中介者，表達了什麼獨特性格。甚至有的凸顯譯者的存在，以兒童感覺親切的方式介紹譯者，把他們的資料放在書籍的封面、序言、側影簡介或後記，引發兒童讀者的注意，讓他們意識到正在閱讀的是一本翻譯書。

　　瑪麗亞・帕爾（Maria Parr）的《心型鬆餅》（*Waffle Hearts*, 2013）是一本挪威童書，由浦澤（Guy Puzey）翻成英文。這本書的英文版在「後記」介紹了譯者，說明選他翻譯這本書是因為地點的關係，因為「浦澤從小住在蘇格蘭高地，在海裡游泳一小段距離，就可以抵達挪威」（240）。另一個大膽又有創意的例子是借用故事裡虛構的主人翁，在書的「後記」來介紹譯者。這本來自加拿大法語區，由梅西耶（Johanne Mercier）所寫的書的

英譯本就是如此，這種手法，倒是與兒童讀者在閱讀過程所體驗的氛圍相當契合。另外，在《亞瑟與蛋的秘密》（*Arthur and the Mystery of the Egg*, 2013）這本書，亞瑟更是直接對著小讀者說：

> 丹尼爾‧韓恩翻譯了這些故事。他拿了我的法文，寫成英文。他說這工作挺困難的，但是尤金表哥說，要不是那天他太忙了，他來做這差事，肯定會做得更好。所以，我們才找了丹尼爾，因為他翻譯過一堆又一堆的書。（41）

譯者被凸顯為兒童眼中紮紮實實的人物，否則他們會以為翻譯只是理所當然的語言轉換。

諸如此類的介入引發的問題包括：英國兒童讀者鮮少有閱讀翻譯文學的經驗，這可能對譯者的翻譯技巧產生什麼樣的影響？在此，我的討論大多來自推測，因為關於兒童文學翻譯策略的跨國研究或是比較研究還是很零星，缺乏全面性的資料。然而，採行「歸化」策略（也就是修正文化記號，例如錢幣單位或是食物種類，讓目標語言的讀者感覺親切）以及「異化」策略（盡量保持文本裡面的外國成分）作為起點（Venuti, "Translator's"），我們還是可能看到譯者的某些既定做法。韋努堤所提出的重點是：歸化造成文化收編，而異化讓讀者意識到自己正在閱讀來自外國的作品。然而這樣的概念，譯者兼批評家里塔‧奧蒂寧（Riitta Oittinen）則認為，在兒童文學的領域裡很「微妙」，需要小心

處理（43）。奧蒂寧宣稱很多成人「可能不會覺得異化的翻譯文本令人退避三舍，但兒童讀者卻很可能就會因為感覺讀起來太陌生而裹足不前」（43）。年輕的英國讀者，鮮少有閱讀翻譯作品的經驗，奧蒂寧的論點顯然頗有道理。

　　針對這個議題，譯者在訪談當中表達了差異頗大的意見。活躍於二十世紀後半、已經過世的童書譯者可蘭普敦（Patricia Crampton）認為「有必要使用慣用語和文化記號，來消除譯本裡兒童讀者不熟悉的元素」（引自 Lathey 190）；而得過獎的譯者安西婭・貝爾（Anthea Bell）則和奧蒂寧有相同的看法，認為「大人或許會說：這東西來自國外很怪、很有趣。孩子卻會因為索然無味退避三舍」（*Children's* 50）。另一方面，法文書譯者阿爾蒂左尼（Sarah Ardizzone）則企圖在語言層面傳達「落差」（decalage）或者不協調，提醒讀者源頭語言（source language）的存在，她使用了時差（jet-lag）、「失靈」（being out of kilter）、「滑移」（splippage）等諸如此類的詞彙，傳達兩種語言交會時所產生的「健康碰撞和推擠」；不過，甚至連阿爾蒂左尼都在翻譯給小讀者的作品中，採用歸化策略，將地名做了更改，她曾經表示很遺憾在翻譯丹尼爾・本納（Daniel Pennac）的《狗》（*Dog*）這本書時，把法國的城市——巴黎和尼斯，譯成比較中性的字眼——「城鎮」和「城市」（引自Lathey 190）。安西婭・貝爾的看法則是：一個故事的「氣氛」不應該弱化為「鄉愿的溫和」，而是必須「謹慎衡量每一本書的異國元素，拿捏可以被接受和可以被保留的極限在哪裡」（*Translator's* 7）。

貝爾的意見無疑是必要的提醒，英國書市裡碩果僅存、為數不多
的翻譯作品，在微妙的語言和文化協商過程當下，更要確保產出
的譯文，能夠讓讀者有意願拿起來閱讀。

獨立出版社

　　我們經常聽到英國的童書出版社抱怨翻譯書的市場銷售
不好，所以大規模的出版集團很少出版翻譯作品。例如，近
幾年來沃克書店（Walker Books）出版了一些翻譯童書，包
括王海嵐（Helen Wang）所翻譯的《青銅葵花》（*Bronze and
Sunflower*），中文原書出版於2015年，作者是曹文軒。這本書獲
得了英國筆會的文學獎，以及2017年的「馬爾許兒童文學翻譯
獎」（Marsh Award for Children's Literature in Translation），有
關這個翻譯獎，我待會兒再補充說明。

　　不過，根據2015年斯旺希大學針對英國與愛爾蘭的翻譯文學
所做的分析數據，翻譯作品大多來自小型或中型的獨立出版社
（Büchler and Trentacosti 21）。這一類的出版公司，為英國的兒
童讀者提供了市面上看得到的翻譯作品，這是非常寶貴的貢獻。
從出版流程來看，原因很可能是小型出版社比較能夠快速執行翻
譯書的出版計畫；大型出版社的組織龐大，複雜的行銷和核准流
程，都會降低速度和效率，更是沒有辦法像小型出版社，有緊密
的直接接觸。一般大型出版公司對於出版翻譯書可能沒有優勢，
編輯部對於外文文本的掌握有限，翻譯過程能夠投入的時間也較

少，編輯與譯者之間的合作關係也不像製作本土書籍那麼密切。翻譯書的出版參與的員工不需要多但要深入，所以比較適合小型的團隊。

我從2016年春天所進行的一系列電話和email訪問的資料當中選了一些與大家分享，這是三家獨立出版社的感想，他們在英國這個不穩定的兒童翻譯書市場耕耘中，所體會到的獨特感想。簡單的來說，為了讓自己的孩子能夠有合適的翻譯書可以閱讀，他們投入了一場個人的聖戰。

謝麗爾‧羅布森（Cheryl Robson）的小出版社極光地鐵（Aurora Metro Publishing）最初致力於出版年輕女作家的作品，後來延伸到兒童文學的領域，因為十一歲的女兒參加名校的入學口試時，竟然是所有學生裡面，面對口試委員唯一沒有回答《哈利波特》是她的最愛的小女孩。她女兒最喜愛的書是《安妮法蘭克的日記》。羅布森於是決定要平衡市場上一窩蜂的奇幻熱潮，出版「有關重要議題的書」，並在英國以外的地區，尋找符合她心目中條件的書（email interview, April 16, 2016）。2017年，極光地鐵的青少年書系共出版了十二本書，其中八本是翻譯書。例如吉恩‧莫拉（Jean Molla）所寫，由珀麗‧馬克林（Polly McLean）從法文翻譯成英文，有關納粹屠殺造成的世代影響的書《索比堡》（*Sobibor*, 2005），還有描寫古巴難民航海逃往美國的驚險過程的《亞嵐的來信》（*Letters from Alain*, 2008），作者是迪亞茲（Enrique Pérez Díaz），譯者是布雷登（Simon Breden），這本書是從西班牙文譯成英文。令人遺憾的是，雖然

羅布森很努力，這些書卻沒有受到關注，既沒有媒體刊載書評，書店和圖書館訂購的意願也不高。

第二家是小小貓頭鷹出版公司（Tiny Owl Publishing），由噶尼米法（Delaram Ghanimifard）和阿爾甘德普（Karim Arghandehpour）這對夫婦於2014年成立，設立的理由和羅布森類似，雖然出版的書籍大不相同。噶尼米法跟我解釋，當初她與丈夫決定出版祖國伊朗圖畫書的初衷，她說：「會設立小小貓頭鷹這家出版社，是因為家族所遭遇的移民經驗，還有感受到翻譯書、各種類型的書以及童書的缺乏，找不到適合我兒子閱讀、能夠反映我們文化背景的書」（email interview, May 19, 2016）。

噶尼米法勾勒出她的雙重目標。首先，她想要讓兒子能夠用英文閱讀關於自己祖國的文化，於是出版了從十三世紀的波斯神秘主義者兼詩人魯米（Runi）的見解，到當代作家如貝蘭吉（Behrangi）的作品。第二個目標，創造了解世界上其他地區文化的機會，「幫助她的兒子更了解班上的同學」，這個目標於是也就順理成章地發展，變成幫助英國小讀者開拓眼界的計畫，因為市面上伊朗與英國的翻譯交流數量相差懸殊：「每年有許多英文書翻譯成伊朗文，小孩子讀這些書，也喜歡這些書。這樣的交流不應該是雙向的嗎？英國的孩子，不也應該認識其他的文化嗎？目前小小貓頭鷹已經出版了十四本書，噶尼米法堅持伊朗圖畫書的英譯出版只是個開端，他們已經有後續的計畫，要媒合最好的作者和最好的插畫家，形成一種文化對話」（interview, June 29, 2016）。

　　我的第三個例子，是個規模大得多的獨立出版公司：普希金（Pushkin）出版社。這家出版社成立於1977年，強調文學品質，出版歐陸小說和散文。兩位老闆之一的佛洛依登漢（Adam Freudenheim）也同樣提到他的晚輩，以及「兒童書市場幾乎看不到翻譯作品」（telephone conversation, April 25, 2016）。他表示2013年普希金決定開始出版童書，就是基於這樣的考量。由於普希金原先的成人書系已經有了很好的基礎，內部已經有熟悉德文、法文、義大利文和俄文的員工——這些在佛洛依登漢眼中都算是「通道」，帶領出版社通往歐洲各國，接觸各種外國書籍的途徑。

　　佛洛依登漢和他的團隊選擇在原來國家已經暢銷的書，或者在英語系以外的國家，已經被翻譯過而且銷售成績不錯的書，進行翻譯。2017年的普希金童書系列有七十九本書，其中超過六十本是翻譯書，包括好幾本第一次被譯成英語的經典作品，例如唐克・德拉格特（Tonke Dragt）於1962年在荷蘭出版的《王的密使》（*The Letter for the King,* 2013），這本書是由蘿拉・瓦特金森（Laura Watkinson）翻譯，以及日本童書作家乾富子（Tomiko Inui）1959年的作品《藍色玻璃杯的秘密》（*The Secret of the Blue Glass*），英文版於2015年出版，譯者是吉妮・竹森（Ginny Tapley Takemori）。普希金還出版了《小狗修拉探險記》（*The Adventures of Shola,* 2013），西班牙文原著的作者是柏納多・阿塔加（Bernardo Atxaga），譯者是柯司塔（Margaret Jull Costa），這本書獲得2015年的馬爾許翻譯文學獎。

願意出版這麼多數量的翻譯童書，在英國還前所未見。當
然，這樣的創舉讓過去四年來英國的翻譯童書市場不僅更豐富也
受到震撼、引發關注。普希金的成功，一部分原因大可歸功於
已經建立的口碑，擁有一群成人文學書籍的讀者，他們樂見新的
和記憶中的經典童書被翻譯成英文出版，但是又謹慎地保持著
平衡。我們看到一方面他們出版新的童書，像是蘇‧蘿絲（Sue
Rose）所翻譯的普莉秀塔（Anne Plichota）與沃爾芙（Cendrine
Wolf）的法國哥德奇幻系列 ，另一方面也出版裝訂精美的古典
童書，很適合當作禮物送人。這樣的平衡，降低了出版社本身從
事翻譯童書出版的財務風險。普希金、極光地鐵與小小貓頭鷹這
三家出版社，以及其他投入翻譯童書市場的小型出版社，為長久
缺乏閱讀材料多樣化的英國兒童讀者，帶來了一波正向的、即時
的貢獻。

獎勵政策：鼓勵出版翻譯書與鼓勵兒童讀者閱讀翻譯書

單單依賴獨立出版社的個別投資，以及譯者與行銷部門的介
入策略，其實還是無法扭轉大眾閱讀翻譯作品的態度。英國讀
者對於外國文學的抗拒，在過去曾有許多費盡心思的討論，也
有關於專業制度的辯論。政府的藝術與教育部門提供了全國性
的獎助，鼓勵翻譯外國兒童文學；駐外文化機構也努力投入童
書作家的引介，特別是在倫敦，由英國政府的藝術委員會（Arts
Council）提供經費所舉辦的「童書展覽會」，近幾年來側重翻

譯書的推介；此外，「圖書信託基金會」（Book Trust）從2017
年開始一個叫做「改用英文說」（In Other Words）的計畫。
「改用英文說」這個計畫，每年都在波隆那童書展，向英國書
商推薦引自「傑出」外國出版品的翻譯段落。英國的全國課程
委員會（the British National Curriculum）建議學生應該閱讀來
自各種不同文化的文學作品。因應這樣的建議，2006年一組教
材出現了，名為《閱讀差異：向孩子介紹世界文學》（*Reading
Differences: Introducing Children to World Literature*, 2006），裡面就
包括了翻譯作品。另外，從1996年開始，由馬爾許基督教信託
基金會主辦的「馬爾許兒童文學翻譯獎」，每兩年頒獎一次，之
所以沒有每年舉辦，是因為兩年才會有足夠的翻譯書可供評選。
這個翻譯文學獎已經受到非英語國家的譯者、作者和插畫家的關
注。

　　過去幾年，一個令人振奮的新發展環繞在「譯者」這個角色
上，善用孩子們的語言能力與知識，提升他們兩方面的自覺，一
個是對於翻譯過程的認識，另一個則是對於英語以外的語言所撰
寫的文學作品品質的覺知，以此鼓勵兒童嘗試翻譯活動。藉由和
山姆・荷姆斯（Sam Holmes）老師聯手，得過童書翻譯獎的譯
者阿爾蒂左尼成為「翻譯國度」（Translation Nation）這個計畫
的第一位策展人，這個計畫背後的管理與支持來自幾個慈善信
託基金，其中一部分經費來自英格蘭藝術委員會（Arts Council
England）。「翻譯國度」計畫在兩個地方進行：倫敦和肯特。
參加計畫的孩子年紀從七到十一歲，倫敦這裡處理的語言包括

衣索比亞的官方語阿姆哈拉語（Amharic）、印度亞利安的古吉拉特語（Gujurati）、義大利語、波蘭語、葡萄牙語、索馬利亞語、西班牙語、印度東南部德拉威族的泰盧固語（Telugu），以及印度和巴基斯坦通用的烏都語（Urdu）。肯特海岸區則選擇了移民學生比例較多的波蘭、捷克、斯洛伐克等語言。專業譯者和志工帶領孩子們進行三天的創作工作坊，讓學生從他們的族裔背景文化裡選一篇最喜歡的故事翻譯成英文，以此作為參賽作品，得獎的譯作將發表在「翻譯國度」的網站上。剛開始的那幾年，從2011到2014年，主要目標之一是讓下一代的文學譯者嶄露頭角，此外還盼望吸引只會說英語的孩子，當同伴們英譯的作品完成後，參與接下來的編輯和潤飾的工作。阿爾蒂左尼評論：「在工作坊裡，我們必須把一般文學譯者所做的工作拆開來，這步驟不太容易，但令人躍躍欲試，因為這樣有益於每個人在專業上持續追求進步」（7）。

　　以上就是這個計畫的第一階段成果，而現在「翻譯國度」已經更進一步蛻變成為「校園翻譯家」計畫——經費來自古爾本基安基金會（Calouste Gulbenkian），執行單位是斯蒂芬‧史本德信託基金會（Stephen Spender Trust），實習生或專業譯者會花費三天的時間規劃課程，進行課堂管理、拜訪學校，並且與一位導師合作。參與工作的人員都很感謝能夠獲得這樣的機會，與他們的潛在讀者接觸、協助兒童提升英文的寫作技巧，以及增進他們對於不同語言差異的了解。對於所有的英國孩童來講，不管他們是只會一種語言、會兩種語言，或是有多種語言的背景，對於

翻譯有更多的了解、參與翻譯所涉及的美學的和語言的過程，都對文學素養與知識的提升有很大的幫助，長期而言，這對英國童書出版業的語言多元化只會有益處。到目前為止「校園翻譯家」（Translators in Schools）還是個小規模計畫，未來仍需要更多的肯定與經費支援。

結論

　　我今天的演講聚焦在英國，談論英國兒童文學在面對「尷尬的」赤字景況下所達到的正面發展。除了以上簡短提到的以外，令人振奮的進展還包括：非歐洲語言的童書翻譯近年持續增加，受到矚目的例子有小小貓頭鷹從伊朗文翻成英語的作品，以及最近不久獲得馬爾許翻譯文學獎的小說：來自中國的《青銅葵花》。不過，我想問的是：英國童書翻譯的脆弱現況，給了兒童文學翻譯的研究者和學者什麼樣的啟發？

　　首先，我們需要在某些選定的語言範圍裡，建立一個更精確也更寬廣的模式，來檢視兒童文學翻譯過程中的各種相對不同層次的介入。透過幾個選定的語言範圍，考察特定時代、特定文類的譯文樣本分析，這樣或許能夠看出比較不容易被穿透的體系（也就是對翻譯文學採取抵制的體系）所使用的翻譯策略，是否不同於其他的文化體系，也就是那些翻譯作品在兒童文學出版占大多數的體系。這些分析應該包括側文本（peritextual）的干涉，例如封面文案、序言或者是特地為兒童而寫的譯者生平介

紹，還有歸化的翻譯手法。除此之外，鼓吹異化翻譯策略、利用翻譯書作為門徑以及引導兒童認識文化差異，這樣的理論需要再次檢驗，需要被放入譯本在某個市場被接受的脈絡狀況下來檢討。當兒童讀者對於某個外國文化已經相當了解的時候，可能就不需要歸化式的翻譯了，例如，英國和美國的童書，在台灣翻譯成中文的時候就是如此。但是，另一方面，當某個文化的兒童讀者缺乏閱讀翻譯書的經驗時，或者對作品裡出現的一連串異國元素不熟悉時，可能就需要依據讀者的文化進行改寫。的確，那些銷售全球的作品（例如《哈利波特》系列）所謂的全球化，該如何面對在地化，已經成為大家關注的現象：米哈爾‧波羅多（Michal Borodo）最近出版的《翻譯、全球化、兒童讀者：波蘭情況報告》（*Translation, Globalization and Younger Audiences: The Situation in Poland*, 2017）資料豐富，既切題又別具意義。此外，實證研究仍然必要，比如說，給兒童讀者兩篇歸化程度不同的譯文，這樣才能確實知道兒童如何閱讀翻譯作品。例如英國的兒童讀者缺乏閱讀翻譯書的經驗，他們可以忍受外國名字和食物嗎？答案很可能是他們可以，但無論結果如何，這樣的研究結果說明了在抵制兒童文學翻譯的市場中，翻譯實踐與作為所具有的國際影響力。

在此同時，不管大型出版集團或是獨立出版社，在引進其他語言的童書時，都需要政府與慈善團體的鼓勵。再一次，對於兒童文學的支持，不論是全國性的或是地區性的獎勵所扮演的角色，都應該提高到國際的比較視野。不管這些支持是針對本土作

家或是翻譯計畫，都會強化我們對於兒童文學國際流向的了解。我們所欠缺的比較研究還有：關於譯者參與文學活動或在校園裡扮演藝術大使的角色，以及兒童作為譯者在教室裡以及網路上的表現，這些也對於跨國的經驗分享會有幫助。

　　總之，英國的特殊情況，讓它成為可以讓我們學習的個案。我們看到教育人員、出版社和譯者面對一面倒的翻譯逆流，以及「只要英國書」的態度，仍然奮戰不懈。

插畫與跨符號翻譯：
無稽詩文的視覺呈現*

艾瑪·歐莎利文（Emer O'Sullivan）

古佳艷　譯

> 愛麗絲陪著姊姊坐在河畔，閒來沒事，正覺無聊，偶爾偷瞄一兩眼姊姊讀的那本書，但書裡既沒圖畫又沒對話，愛麗絲心想：「一本書既沒圖畫又沒對話，有什麼用呢？」（135）[1]

　　這段引導式的文字出現在路易斯·卡若爾（Lewis Carroll）的多模態（multimodal）小說《愛麗絲夢遊奇境》（*Alice's Adventures in Wonderland*）的開頭。從這本小說的第一個版本開始，圖畫的功能就不只是裝飾而已。圖畫在敘事過程中，還扮演了核心角色。《愛麗絲夢遊奇境》它已經被翻譯成174種語言，大約有7,600個版本，還衍生1,200組不同的插畫。[2] 這些材料構

---

* 原文題目為"Illustration as Intersemiotic Translation: Visualising Nonsense"，發表於2018年3月24日於國立臺北教育大學舉辦的台灣兒童文學研究學會春季講座。

[1] 譯註：本文所使用的中譯本主要來自於《愛麗絲夢遊奇境》，王安琪譯（臺北：聯經，2015）。例外情況另行標註。

[2] 請參閱三巨冊的重量級檔案《愛麗絲全球譯本一覽》（*Alice in a World of Wonderlands*）。這是2015年紀念卡若爾的小說問世150週年時出版的。

成巨量的資料庫，不僅提供這本小說翻譯和插畫的研究（例如：歷史、發展、趨勢與特色等），也有助於探討翻譯理論的諸多議題。

今天我就是要利用這些材料來說明插畫作為「跨符號系統」的翻譯現象。跨符號的翻譯在兒童文學翻譯研究的領域並非全新的概念，但到目前為止，針對文學作品如何翻譯成文學插畫，還沒有長期的研究，今天，含有插畫的故事書幾乎全被歸類為童書，然而關注文本與插畫之間的翻譯關係，不只對兒童文學研究有幫助，對於一般的翻譯理論，應該也會有所貢獻。

首先，我要帶大家回顧《愛麗絲地底幻想記》（*Alice in Wonderland*）這本小書（各位應該對這本由作者親手書寫、親筆繪圖的袖珍手作禮物書不陌生）。我要特別從文字與圖像的關係來解說查爾斯‧道德森（Charles Lutwidge Dodgson）的文字與約翰‧譚尼爾（John Tenniel）的插畫之間的關係。然後，我要說明跨符號翻譯的概念，以及這個概念如何有意義地運用在文學插畫上。我還做了一張列了九項特點的清單，希望藉著這九點，進行插畫作為跨符號系統翻譯的全面分析，帶領我們觀察從改編到文字與視覺的互相召喚，以及它們建立的交互關係。我會舉很多的例子來說明這九個特點，最後再把焦點放在文本的文學特色，如何翻譯或轉置成為文學插畫。如果把無稽文學（nonsense literature）在語言和邏輯方面所展現的文藝形式作為實驗的例子，我要問的是：插畫家是否可以、或者如何可以利用視覺媒體，以類比的方式，成功創造作品的核心特徵，例如不穩定性、

變形、雙關語、謎語、矛盾以及混合詞等等。換句話說，我想問的是：文學中的無稽性（literary nonsense）如何轉換為視覺作品。最後我們將再次思考，上述的概念是否能夠為翻譯研究與兒童文學提供一種未來的觀看角度。

《愛麗絲地底幻想記》

　　《愛麗絲夢遊奇境》起源自1862年7月4日十歲的愛麗絲・黎寶（Alice Liddel）與自家姊妹，還有牛津大學數學家道德森一同泛舟出遊那天道德森講的故事。道德森後來把故事寫下來，自己畫上插畫，以手稿書的形式完成，於1864年送給愛麗絲作為禮物。一年之後，《愛麗絲夢遊奇境》這本小說出版了，道德森採用路易斯・卡若爾這個筆名，而插畫部分用的是漫畫家譚尼爾的作品。

　　小說裡七歲的主角愛麗絲掉進了兔子洞，進入了奇幻世界，那裡的所有規則、行為模式、思想和語言，都是愛麗絲（還有讀者們）在現實世界不曾遭遇的。透過12個鬆散的章節，愛麗絲在旅程中遇見了好多不同的角色，例如來自童謠世界的紅心皇后（the Queen of Hearts）、來自通俗諺語的柴郡貓（the Cheshire Cat）、三月兔（the March Hare）還有瘋帽匠（the Mad Hatter），這些人雖然名義上都是成人，行為卻和任性、自我中心的孩子沒兩樣。愛麗絲是個具有好奇心、開朗、直率的小女孩，在一連串不穩定的變大、變小過程當中，仍不忘保持維多利

亞女孩的教養。這本小說裡有數不清的詩歌和諧擬（parody），特別是對那些說教意味濃厚童詩的幽默模仿和諷刺，也有很多具有創意的語言和邏輯遊戲，但由於當中角色個性瘋狂，帶有不確定性，小說在幽默之中摻雜了潛伏的危險。《愛麗絲夢遊奇境》這本書的敘事，以夢境作為框架：愛麗絲先是睡著了，掉進兔子洞，最後，她與想像世界裡的角色辯論，在激動的自我辯護中醒來。哈維‧達坦（Harvey Darton）稱呼這本小說是「第一本理直氣壯、不多加辯解……為對於需要開闊自由想像的讀者所寫的兒童讀物」（268），從出版以來，不管成人或是兒童都喜歡這本書。

　　道德森只是個業餘畫家，他意識到自己的藝術侷限，也了解要讓這本書成為成功的作品，好的插畫有多麼重要。於是他找了當時已經相當知名，在《噴趣》（Punch）畫政治漫畫的譚尼爾合作，雖然如此，道德森自己的手繪插圖還是值得我們仔細觀賞。[3]這些手繪插圖，與當時常見的傳統插畫小說那種文字與圖像交替出現的安排大不相同，道德森對於書籍版面的設計具有敏銳直覺，他讓插圖與文字成功結合，成為合一的整體。例如在愛麗絲吃了那塊上頭寫著「吃我」的蛋糕那頁，身體在吃了蛋糕後「變成有史以來伸得最長的望遠鏡了！」道德森的手寫文字和手

---

[3] 道德森的手寫、手繪禮物書，可在大英圖書館的網頁上瀏覽。https://www.bl.uk/collection-items/alices-adventures-under-ground-the-original-manuscript-version-of-alices-adventures-in-wonderland

繪插圖相互交融，在頁面上傳達變大／長大的主題。此外，道德森不僅以插圖反映故事裡主角的巨大成長，版面的整體設計也強調了這一點。

讀者應該記得愛麗絲和老鼠之間的對話，有一段圍繞在愛麗絲對於同音字tale（故事）和tail（尾巴）的誤解：

老鼠先生轉身面向愛麗絲，嘆了一口氣：「我的故事是個漫長又悲傷的故事！」愛麗絲低頭望著老鼠先生的尾巴，困惑的問：「你的尾巴是很長，確實是，但為什麼你說尾巴很悲傷呢？」老鼠先生講故事時，愛麗絲一直困惑地望著他尾巴，以至於把故事想像成尾巴的形狀，就像這樣。（王譯，160）

道德森把老鼠的故事（tale）文字內容，排列成視覺上的尾巴（tail）形狀，這是一個把文字遊戲視覺化極有創意的例子。這首圖像詩，利用詩行排列成的形狀，除了強調說話者的身分是隻老鼠之外，也帶出愛麗絲與老鼠雞同鴨講的對話狀態。

今天我們把這本小說許多諸如此類的插畫特點歸功於譚尼爾，而不是道德森，但事實上，道德森當時可是一路嚴格控管插畫家的作品呈現方式。譚尼爾的插圖深入人心，影響了這本小說後來幾乎所有的插畫作品，它們定義了經典場景，又在我們的視覺文化記憶中，深深地烙下這些角色的形貌：愛麗絲、瘋帽匠、公爵夫人、甲魚先生、柴郡貓，以及所有其他重要的角色，至少

一直到1951年的迪士尼愛麗絲動畫問世之前，情況都是如此。有關譚尼爾的插畫討論的人相當多，我在這裡不必花太多的時間重複，譚尼爾插畫的成功有其原因，但我們一定要記得，就如同凱瑟琳・高登（Catherine Golden）所說：「在譚尼爾的插畫藝術底下，藏著卡若爾的原創視角」（"Lewis Carroll", par. 44-45）。

講到文字與圖像的關係，卡若爾的小說有個很特別的地方，就是文字的描寫很少。如果我問各位：卡若爾的小說是如何用文字來形容愛麗絲的？而不是問大家：他和譚尼爾（以及其他任何插畫家）是怎麼樣畫愛麗絲的？那麼大家可能費了一番功夫，還想不出任何具體的例子呢！在小說的第二章，愛麗絲無法確定自己究竟是誰，她說：「我肯定不是變成了愛姐，因為她有那麼一頭長長的捲髮，而我的頭髮根本不捲。」讀者因此發現，愛麗絲有著一頭直髮，而當瘋帽匠告訴愛麗絲她的頭髮該剪了時，讀者可以推測她留長頭髮，此外，隨著故事一路發展，我們知道她的裙子上有口袋，腳上的皮鞋閃閃發亮，最後，透過姊姊的眼睛，我們讀到了一段有關愛麗絲的雙手和眼睛的簡短描述。理查・凱利（Richard Kelly）做了以下的結論：「有關愛麗絲的外表，我們只知道長長的直髮、閃亮的皮鞋、裙子、小巧的雙手、明亮的眼睛。這麼少的細節讓她面貌模糊，任何小女孩都是愛麗絲」（65）。同樣的狀況也發生在小說裡幾乎所有角色的身上，文字的描述非常稀少。為什麼會這樣？理由不外乎：這本小說是抽象的，焦點是語言本身，小說的目的不在於營造符合現實世界的假象，也不在於塑造寫實的人物角色。

凱利是這麼寫的：

> 這些人物角色都經由對話來定義自己，他們都是機智的
> 語言大師。個個迫不及待要和眼前這位奇特訪客，來
> 一場唇槍舌戰。他們都是思想的產物，用世故純熟的技
> 巧，進行語言遊戲，把他們的語言（文字）和他們的身
> 體（插畫）一刀兩斷。卡若爾靠著切開二者，強化了無
> 稽荒謬的本質；也就是說整本小說是一場遊戲，而用來
> 玩耍的玩具，就是語言文字。這本小說寫的不是具有複
> 雜情緒的人類角色，而插畫也把書中的角色塑造成固定
> 的物件或客體……

凱利還進一步解釋，插畫：

> 幫忙把小說裡的人物塑造成物件，這些一個個在抽象的
> 語言遊戲漩渦裡，不會改變、不能改變的角色，就像神
> 奇的魁儡。主人路易斯·卡若爾的語言機鋒，就透過他
> 們的對話演出來。（73）

　　文字的描述這麼少，相對激發插畫家的創意。《愛麗絲夢遊
奇境》對插畫家而言，是一本關於普世主題的小說，談論的議題
包括：身分認同、想像力、死亡與童年。既然作者提供的文字敘
述少，對插畫家的限制就不多，小說裡的景觀地貌，幾乎都缺乏

文字描述，而在當中活動的人物，又是些引人側目的奇特角色。
我們在真實的世界裡，幾乎找不到對應小說裡的角色指涉，所以
畫家的視覺詮釋，享有極大的發揮空間。綜觀《愛麗絲》這本小
說的各種插畫版本，的確風格差異極大，夢遊奇境裡的氣氛，也
是從詭異驚悚、歡樂幽默，甚至到媚俗的都有。最好的插畫既能
夠為古典童書帶來新的話題、提出新的詮釋，也能夠把讀者帶往
以前沒有注意過的層面，持續不斷重新繪製插畫，正可以確保小
說在新的時代裡繼續充滿能量、繼續存活。正如尼爾斯・佩雷拉
（Nilce M. Pereira）所言：

> 經典作品（特別是一再受到不同畫家重新詮釋的作品）
> 在歷經重新繪製插畫的過程中，往往也遭遇了作品本
> 身的文學與文化價值的更新；另一方面，作品的價值內
> 涵，也同時被帶往不同的文化系統裡重新定位——這樣
> 的行動，宛如折射或是改寫，讓作品進入不同的文化系
> 統，其實這和翻譯活動相當類似。（107-108）

　　近來翻譯研究對於克瑞斯（Gunther Kress）與凡魯文（Theo
van Leeuwen）兩位學者所提的「多模態文本」（multimodal
texts）越來越有興趣（*Reading Images*, 178）。所謂多模態文本，
指的是「透過不只一個符號系統實現意義的作品」。翻譯這類作
品時，需要特別的體認到處理不同的符號模態所傳遞的訊息品質
與所扮演的特定角色，里塔・奧蒂寧（Riitta Oittinen）是第一位

謹慎檢視童書裡視覺與文字互動的專家。目前，把翻譯圖畫書，視為一種非常特殊的多模態文本，也已經在翻譯研究領域成為大家關注的議題了，然而文學插畫作為一種翻譯，卻尚未受到應有的重視，特別是關於特定文學或詩學成分的翻譯處理。

「跨符號翻譯」這個詞源於羅曼‧賈布森（Roman Jakobson），他認為詮釋語言符號的方式有三種：語言內的翻譯（intralingual translation）、語言間的翻譯（interlingual translation）和符號間的翻譯（intersemiotic translation）。「語言內的翻譯」指的是用同一種語言來說明的詮釋方式，包括用不同的詞彙和句型改述（paraphrase）、簡化等等。「語言間的翻譯」是用不同的語言來詮釋語言符號，涉及了兩種不同的自然語言，比如說中文翻譯成荷蘭文。至於「符號間的翻譯」則是指利用非語言系統的符號詮釋語言符號，例如把文字作品轉化成視覺呈現，像是繪畫、雕塑、攝影等等，抑或是轉化為動作表情，例如把文字轉化成芭蕾舞。

用符號學的術語來講，就如同曼弗雷德‧普菲斯特（Manfred Pfister）提醒我們的：「圖像與文字是兩個截然不同的世界」。圖像符號是具有目的性的，文字符號則是約定俗成；圖像符號的意義絕大多數是隱含的，文字符號的意義則是指示性的；圖像符號是空間的，訊息的表達是瞬間的、自發的，所以並不像文字符號藉由直線行進的過程，掌控（讀者端）的接受，有時間上的連續性。儘管有這些重大差異，插畫與文字總是相互對話。他們的對話不只在藝術間的層次，也在相互拉抬與超文本的

「互補，讓彼此意義指涉的潛力相得益彰，或者最近更常用的說
法是——相互干擾、彼此阻撓」。普菲斯特在論文裡寫道：圖像
與文字的「對話變得更即時、更直接，因為兩者同時並存，但卻
又處於彼此分離的狀態」（132）——他所說的，正是文學插畫
的景況。

那麼，跨語言的文學翻譯和文學插畫作為一種翻譯，又有哪
些共同點呢？其實他們兩者主要都是詮釋行為，皆屬改述式的翻
譯，也是圖里（Gideon Toury）所謂的「跨時間與（或）跨空間
的重新塑形、重新思考、再次打模、再次脈絡化的複雜過程」。
跨語言的翻譯與文學插畫，兩者都不是從無到有憑空出現，某個
程度來講，他們都是從原來就存在的、某個主要符號文本衍生而
來的。

尼爾斯‧佩雷拉建議，把書籍的插畫看成（跨符號系統）翻
譯。她主張：我們可以用分析文字翻譯的工具來分析圖畫，因為
譯者和插畫家的工作內容其實是差不多的，包括：添加、刪減、
展示、濃縮，此外，她也提到學者勒弗維爾（André Lefevere）所
說，那些會影響翻譯的限制條件，特別是像是贊助人還有意識形
態，也都同樣適用於插畫。佩雷拉暗示，經由三種方式，圖畫也
可以被翻譯成文字。我自己則相信除了以上所講的這些，還有更
多的層面可以加進來考慮，讓我們更全面地觀察跨符號系統翻譯
所涉及的範圍。我把它們條列如下，總計有九點：

一、文字成分如何再造成為圖畫？有哪些部分被刪除？又添加了

什麼？濃縮了那些？

二、哪些特定的敘事元素被加強了（人物、觀點、動作行為、主
　　題等等）？

三、圖畫是否被調整，成為符合某種意識形態的表現？或者調整
　　為插畫繪製當時流行的藝術風格？抑或明顯受到藝術家本身
　　的價值觀所左右？

四、插畫家如何處理歷史時空與文化限制等等因素？如何表
　　現時代差異以及異國元素？插畫家面對戈爾萊（Dinda
　　Gorlee）的三疊系「現實化（actualization）、時代錯置
　　（anachronism）、地理錯置（anatopia）」如何做選擇？

　　文化改編和歸化（domestication）現象，在各種版本的《愛
麗絲》，都能夠立即藉由來自真實世界的唯一角色（愛麗絲）
的再現找到答案。批評家凱拉・瓦克拉維克（Kiera Vaclavik）曾
說：「許多愛麗絲譯本的插畫家，都嘗試用歸化的手法，拉近讀
者與主角之間的距離⋯⋯非洲斯瓦希里語（Swahili）與日語版本
的愛麗絲，就沒有穿連身裙或背心裙，而是裹著坎加布或是穿上
和服」（723-25）。而在兩個當代歐洲譯本裡的愛麗絲，一個穿
著簡單的夏季輕便洋裝，另一個穿著運動鞋，背帆布包，戴著
哈利波特式的眼鏡。從譚尼爾筆下的維多利亞女童作為開始，愛
麗絲已經歷經許多蛻變。例如威利・波加尼（Willy Pogany）筆
下的愛麗絲有著高調時髦的飛來波女郎（flapper girl）樣貌，而
1960年代東德版本中有著穿著迷你裙的愛麗絲。所以瓦克拉維克

說：「過去一百五十年的西方女性時尚，的確可以透過插畫裡的愛麗絲來追溯。然而有趣的是，愛麗絲的形象，卻也一直受限於相當狹隘的女性概念……眼前我們有這麼多的現代版愛麗絲，但是讀者不免還是想問：穿長褲的愛麗絲在哪裡！？」（723-25）

此外，愛麗絲漫步其中的那個想像世界，照理說是個沒有真實文化標籤的地貌環境，在插畫裡又是如何再現的？在1927年出版的《愛麗絲夢遊奇鏡》中，愛麗絲的手臂從一間農村小屋裡穿了出來，這款農舍看來明顯有著西班牙加泰隆尼亞的樣式。而就在這個二〇年代譯本問世之前五年，畫家米羅（Joan Miró）在畫作裡放入類似的農舍，讓它從此在藝術史上留名。

在義大利出版的《愛麗絲夢遊奇境》中，愛麗絲在自己淚水裡游泳的場景，我們看到的是義大利南部的那不勒斯海灣，維蘇威火山就在後方的背景冒著煙。而在德文版本中，描繪瘋狂下午茶的圖像——德文翻譯成「Kaffeekranz」，在如同格林童話般的場景裡，有金髮、梳著辮子的愛麗絲，鞋匠（Meister Pechfade）取代了英文版的帽匠，復活節兔子（Osterhase或Easter Bunny）更取代了三月兔——桌布底下隱約看得見邊緣裝飾著小小愛心圖案的居家拖鞋。這樣的下午茶聚會，有批評家曾說：蠻適合七矮人來參加。

五、不同的插畫版本所構成的互文關係，應該如何看待？

譚尼爾的插畫對於《愛麗絲》的各個版本的插畫來說，當然算是所謂的「前文本」（pretext）。斯蒂芬妮‧洛維特

（Stephanie Lovett）曾討論譚尼爾插畫的經典地位，她指出很多畫家「根本無法想像如何可以自由地重新繪製愛麗絲，因為譚尼爾的插畫已經深入人心，揮之不去」。此外，譚尼爾的插畫受到後輩插畫家極度的尊重，有的明顯在自己的插畫裡向譚尼爾致敬，例如弗洛爾·雷德（Floor Rieder），有的則是明白說出對前輩作品所產生的影響的焦慮，例如安東尼·布朗（Anthony Browne）。

六、插畫家繪製畫作時，心裡是否有特定的讀者？如果有雙重讀者（dual audience）的設定，插畫家會比較偏向某一群讀者嗎？

　　重新建構《愛麗絲夢遊奇境》這本小說的翻譯史，發現只有極少數的譯者試圖複製卡若爾的雙重讀者設定（dual address）。大部分的譯者，不是選擇偏向兒童讀者（根據譯者假想的兒童的喜好、需要以及理解力調整譯文），就是完全偏向成人讀者，類似的傾向，也發生在插畫。如果目標讀者的設定是兒童，我們可以問：畫家如何依據童年的概念，調整他們的插畫？偉大的插畫家昆丁·布雷克（Quentin Blake）從沒有畫過《愛麗絲》，但他曾經這樣概括地評論自己的作品：「為年紀小的孩子畫畫，你有些時候可能會減少陰暗面以及露骨的成分」（103）。然而，《愛麗絲》荷蘭文版的插畫家弗洛爾·雷德被問到兒童是否有能力處理小說的陰暗面時，回答：「沒問題的！五彩繽紛、每一張臉都在微笑……這種童書太多了。小孩子喜歡被挑戰，應該受到

嚴肅的看待，他們可以面對的其實比我們想像的要多。這本書是一百五十年前為孩子們寫的，這麼多世代的孩子都讀著它長大！所以，我不想要戴著手套處理。如果我喜歡這本書，孩子們也會喜歡。」有關兒童或是成人讀者的設定問題，可以討論的例子非常多，我在這裡只簡單舉兩個：一個是完全為兒童而做的插畫；另一個則是完全設定為成人讀者而畫的作品。

　　海倫‧奧森柏莉（Helen Oxenbury）所繪製的精美版本，獲得1999年的凱特格林威（Kate Greenaway）大獎，實至名歸。它呈現了無憂無慮、俏皮又輕鬆的愛麗絲，這是明顯傾向兒童讀者的版本。封面插圖裡的愛麗絲和白兔就像好朋友：手挽著手，而且白兔還靠在愛麗絲耳邊竊竊私語。這樣的互動不曾出現在卡若爾小說裡的任何片段。而諷刺漫畫家拉爾夫‧斯特德曼（Ralf Steadman）於1967年繪製的作品，則是我選來代表為成人而畫的《愛麗絲》，它融合了超現實元素與辛辣的社會諷刺：白兔是個備受壓力困擾的通勤族，柴郡貓則是無所不在的電視節目主持人。

　　我自己研究過四十多個完整的《愛麗絲》德文譯本，扣除完全以孩子為對象的和完全以成人讀者為對象的版本後，我歸納出1980年代以後譯本的新走向，把這個新走向叫做「既有文學性，又適合兒童閱讀的版本」。類似的名稱也適用於好幾個企圖以雙重讀者（大人和小孩）為對象的插畫作品，這些插畫一方面能夠吸引兒童讀者，但另一方面又同時向原作者致敬，保留了卡若爾原作的深度及陰暗面，我稍後會在第九點說明這些案例。

七、圖像與文字如何互動？

　　這裡要講的不只是某一組插畫和它所搭配的文字之間的關係，還包括不同的插畫版本與譯本之間的搭配。有時候為了因應某個特定的新翻譯，新的插畫因此產生，有時候舊的插畫被重新使用，搭配新的譯文再次與讀者見面。新的或舊的插畫搭配新的或舊的翻譯，組合方式看起來可以千變萬化，但那只是表象。奧蒂寧提到一個有趣的案例，1966年的瑞典文《愛麗絲》新譯本，由朵貝‧楊笙（Tove Jansson）繪製新的插畫，後來楊笙的插畫被拿去搭配舊的翻譯，又出了一個版本。這時問題來了：這組插畫所對應的諧擬（文字遊戲）是1966年的新譯本獨有，以前的瑞典文譯本裡，完全不存在。

　　談到文學插畫，理論上圖畫應該是能夠跨越語言的藩籬，被各國的讀者接受，但也不乏例外。德國插畫家弗朗斯‧哈肯（Frans Haacken）的作品雖然很吸引人，卻不可能搭配英文或其他的語言出版，因為插畫裡出現的是某個德文版的翻譯錯誤。卡若爾的原文提到愛麗絲坐在「河畔」，但是那位所謂的「背叛的朋友」（也就是譯者），把河畔譯成了「長凳」。所以從德文翻回英文，整句話變成：「陪姊姊坐在長凳上，愛麗絲覺得很無聊。」

　　更嚴重的例子是為兒童畫的插畫，搭配以成人為目標讀者的翻譯文字，例如海倫‧奧森柏莉的插圖，配上恩岑斯貝格爾（Christian Enzensberger）充滿文藝氣息的德語翻譯，或者是朱

塞斯列夫（Janssen Ghiuselev）噩夢般的超現實藝術插畫，卻配上樸拙簡短的兒童版德文愛麗絲。出版公司後來發現了這個嚴重的不協調問題，才又找了一個嚴謹的譯本重新出版（可惜新版的開本縮小了）。

八、多模態文本的不同圖文組合，如何影響讀者對作品的接受？

從圖文組合這個角度來觀察某個特定愛麗絲譯本，會是相當有趣的事。例如恩岑斯貝格爾為成人所譯的德文版《愛麗絲》文學性質濃厚，曾經搭配過許多不同的插畫，包括：原作者道德森的手繪插圖、譚尼爾的經典插畫以及現代版的插畫家作品，例如安東‧尼布朗、海倫‧奧森柏莉、莉絲白‧茨威格（Lisbeth Zwerger），以及弗洛爾‧雷德。

接下來是清單上最後一項：

九、藝術家如何把文本裡的特殊文學品質翻譯或轉化成為文學插畫？

這是我這篇文章討論的議題裡面最核心的部分，我將以無稽文學的某些特點，觀察個別案例，藉此說明文字轉換為視覺媒體的呈現時，所遭遇的狀況。我所要觀察的無稽詩文（nonsense literature）特徵包括：

1. 重覆與序列
2. 不穩定與變形

3. 觀點或透視法的使用
4. 雙關語、謎語和矛盾悖論
5. 混合字（混合詞）

　　維姆・蒂格斯（Wim Tigges）如此描述無稽文學：

> 無稽詩文……在意義的多重與意義的匱乏之間保持著平
> 衡……為了成功營造效果，無稽文學必須一邊邀請讀者
> 參與意義的詮釋，但同時又要極力避免落入追尋深層意
> 義的陷阱。（27）

他另外點出無稽文學有下列特點：

> 這場遊戲裡所使用的文字與圖像元素，基本上都屬於負
> 面的或鏡像的、模糊的、混雜的、無限重複的、同時發
> 生的、任意專斷的。我們必須暗自牢記：真實世界和這
> 個利用文字和圖像營造出來的奇境世界，是截然二分
> 的。

　　無限重複與序列性質這個特點，可以在威利・波加尼
（Willy Pogany）的插畫裡發現，他所畫的紙牌遊行隊伍，比巴
斯比・波克萊（Busby Berkeley）電影的豪華歌舞秀場景還更早問
世。而德國藝術家弗蘭斯・哈肯（Frans Haacken）則借用了動畫

影片技術，以停格動畫的方式表達愛麗絲的縮小過程。

　　蒂格斯上面對於「有意義」（sense）與「無稽／沒有意義」（nonsense）的定義，暗示了恆常出現的不穩定——意義的不穩定（明顯表現在卡若爾最喜歡玩的同音字遊戲），還有身分的不穩定。

　　變形（metamorphosis）——在哈肯的同一張插畫裡，可以看到這本小說的重要特色之一：事物的變化。愛麗絲的身體變大變小好幾次，毛毛蟲是提供她寶貴意見的老師（別忘了毛毛蟲本身就象徵變形／變化），還有一隻特異功能的貓，可以憑空消失在空氣中，卻單單留下一抹微笑（參見迪士尼的版本），還有會變成小豬的嬰孩。詭異變形的最後一個例子是海貝卡‧朵特梅（Rebecca Dautremer）的鉛筆畫，模擬科學圖鑑素描的風格，彷彿要從生物學的角度看待變形這件事，同樣是朵特梅的作品，另一張卻是彩色的，而且用非常創新、古怪的取景角度，表達柴郡貓所遺留的微笑。柴郡貓柔軟有細毛的嘴和鼻，散發觸手可及的肉感，再配上一顆蛀牙，隱隱挑起令人退避三舍的感覺。除此之外視覺角度也令人不安：非常近距離的右下角對角線特寫。這隻貓的口鼻，彷彿就懸在一個不明所以的空間，眼睛的部分消失、不在圖面裡，這口鼻部位，可以說脫離了貓的身體整體其他部分，看起來比較像是殘障或受傷的局部，而非是一隻愛耍寶的貓，隨興讓人看得見或看不見。

　　朵特梅的大尺寸插畫混合了豐富色彩的跨頁以及鉛筆素描，玩弄各種視覺遊戲：透視、比例、平衡與對稱等等，插畫家玩著

圖畫遊戲，正反映卡若爾在小說裡所玩的語言和邏輯遊戲。朵特梅曾經說她慣常「利用夢境以及扭曲消失點」的方式作畫。

保加利亞插畫家朱塞斯列夫（Iassen Ghiuselev）也選擇善用透視法，對卡若爾的奇境世界進行「視覺翻譯」。他混合了哥德式風格與不可能的視角，來詮釋如夢的奇境。例如他所繪製的海報集結了小說的好幾段情節，構成一幅亨利・艾雪（Henry Escher）般的幻景夢境。畫面裡的活動，好比是被一個自由滑行於時空當中的無重力照相機所拍攝，那個無重力照相機，就好比是愛麗絲自己，而塑造出來的效果就好比讀者經歷了夢中的墜落與飛翔。在這裡，朱塞斯列夫的愛麗絲是個自由落體。我認為違反地心引力與擾亂透視法則，是插畫藝術家最成功的兩個策略。他們使用這樣的策略表達卡若爾在小說文字上所做的實驗——違反邏輯法則，創造一個完全沒有方向與方位的世界。

卡若爾使用語言作為遊戲的工具。羅伯特・薩瑟藍（Robert D. Sutherland）認為不管是發音的，或是書寫的語言符號，在小說家筆下「都成了遊戲的籌碼」。那麼，畫家又是如何將文字遊戲翻譯成圖畫？安東尼・布朗在英國《衛報》發表過一篇文章：〈我如何重新想像《愛麗絲夢遊奇境》〉，他在文章裡表示，他想在插畫裡表達與卡若爾語言策略對稱的元素，例如在他的作品中，愛麗絲的手腳變得很巨大，白兔的房子已經快容納不下，這畫面讓布朗想起馬克思・克林格（Max Klinger）的系列蝕刻版畫《找尋一個手套的意義》（The Glove）。所以布朗說：「我於是在作品裡向克林格致敬，在背景裡加了這隻奇怪的飛行生物。

卡若爾的小說裡當然沒有提到這隻生物，但經由我的插畫，我想
以此對應卡若爾的雙關語、謎語、暗喻等等手法，我使用的是我
自己夢境般的視覺雙關語。」

　　布朗的這篇文章的確幫助我們了解他如何再造藝術前輩所提
供的靈感，並且在插畫裡回應卡若爾的文字雙關語。以下我還有
更多的例子。例如在其他畫面中，出現了超現實主義畫家（馬格
利特）的影子，這是受到心理學家查斯特羅（Joseph Jastrow）那
幅模菱兩可的「鴨兔圖」啟發的插畫；還有，藝術家裡最具有
數學意識的艾雪（Maurits Cornelis Escher）弔詭的「奇異迴圈」
（或異圈）繪圖之手，在布朗的版本裡正畫著紅玫瑰，利用這些
調皮的、視覺上的對話，布朗積極在他的創作裡尋求翻譯語言文
本的適切方式。這是高難度的嘗試，因為傳統的視覺再現手法，
一向很難表達語言實驗的內涵。

　　接下來，我要簡短談一下清單上的最後一個元素——混合字
（混合詞）（portmanteau words），這個指的是把不同的字重新
組合成為新字或新詞。這裡有個原創的例子，來自〈炸脖龍〉
（"Jabberwocky"）這首詩。以下面四行為例：

　　　　左，右！左，右！透了又透，

　　　　那佛盤劍砍得欺哩卡喳！

　　　　他割了他喉[64]，他拎了他頭，

就一嘎隆ㄦ，的ㄈㄧㄥ了回家。[4]

　　小說裡的不倒翁大胖墩（Humpty Dumpty）這個角色幫愛麗絲解惑，他解釋galumphing這個怪異的字是什麼意思：「你看，就像混合字。把兩部分湊在一起，造個新字。」[5]混合字是混合、雜交的結果；這情況如果應用在插畫上，效果也不錯。我們都對譚尼爾插畫裡的假海龜先生（Mock Turtle）印象深刻，這種動物在現實中不存在，它是擬人化的產物，來自Mock Turtle Soup（「假的」海龜湯，食材是牛肉）。譚尼爾聰明地把海龜湯的材料（碎牛肉塊）的概念放進他的插畫，塑造一隻想像出來的混合型動物：假海龜——有著海龜的身體、牛頭、牛蹄和牛尾。

　　莉絲白・茨威格創造了另一種更微妙、更具有美感的混雜體，不像譚尼爾的例子那麼古怪，這例子出現在「黨團熱身賽跑」（caucus race）的插畫裡。大尺寸的畫面幾乎被一塊塊的幾何圖形分割：奔跑中的愛麗絲毫無表情，好像進入催眠狀態，和其他動物一模一樣，她的兩眼直視前方，整個畫面呈現強烈的平

---

[4] 譯註：此處採用的是趙元任的翻譯，趙譯模仿原作的混合造字遊戲，也玩起中文的造字。這四行詩句原文如下：

One, two! One, two! And through and through
The vorpal blade went snicker-snack!
He left it dead, and with its head
He went galumphing back.

[5] 譯註：例如galumphing是個新造的字，混合了gallop（奔跑）和 triumphant（得勝的）。意思是宰了怪獸的男孩凱旋返家。

行對角線條。最特別的是愛麗絲與其他動物的排列狀態，或者我
們可以說，她「融入」了這群動物的隊伍；她的頭髮被風吹著往
後飄，成為「不自然」的形狀（頭髮被風「吹」，照理說應該自
然呈現不規則的狀態飄著才是）。她的頭髮顏色，不只和多多鳥
的嘴巴相同，還彷彿像鏡子反射，變成是從她的後腦長出的鳥喙
（鳥嘴）。此外，她的頭髮和鴨子的嘴、老鼠的尾巴、多多鳥的
前腿剛好都平行，色彩也相當協調。而愛麗絲腳上的襪子，顏色
與鸚鵡相互呼應。這幅畫在讀者眼前展演了一場迷你的變形秀：
愛麗絲逐漸與她周圍的環境和諧相容，更與身邊的獸類與鳥類產
生了同質性。這種不同元素的混雜融合，我認為是一種對應混合
字的視覺對策。除此之外，茨威格畫筆下的主人翁愛麗絲在這張
插圖裡所歷經的外形變化（變成既是女孩，又像小鳥），既連結
又強化了卡若爾透過這個章節場景想要影射的達爾文進化論的動
機。

結論

　　為什麼在我們這個越來越講究視覺的年代，有插畫的文學作
品卻這麼稀少？山姆‧薩克斯（Sam Sachs）在《紐約時報》寫
道：「縱使近年來圖像小說受到許多批評家的關注，大家的共識
似乎是：圖畫並不屬於文學領域。」文學插畫凋零的源頭，似乎
可以追溯到小說家的生存焦慮。這個現象到今天仍舊如此。作家
們對電影，以及其他會動的影像作品，存著恐懼。亨利‧詹姆斯

（Henry James）與維吉尼亞・吳爾芙（Virginia Woolf）當年曾經擔憂：有朝一日如果小說必須依賴圖像才能夠生存，那麼文學必定馬上被「光彩炫目的視覺娛樂媒體」打敗。所以，他們主張，文學須專注於攝影與電影不能做到的事，也就是文學必須能夠「召喚出某個場景的內在運作」。

　　然而，類似的恐懼（害怕汙染和混雜）從未在兒童文學的領域發生。兒童文學經常把插畫視為輔助讀者理解的工具，也因為如此，插畫變成了支持文學內涵的功臣。這意味著，兒童文學能夠提供豐沃的土壤，讓文字與圖畫彼此滋長，相得益彰。不只在圖畫書如此，在插畫書裡情況也一樣。不過我要強調，圖畫書與插畫書在翻譯研究的領域裡，尚未得到應有的重視，事實上，圖畫作為一種翻譯，本身就值得好好研究。插畫與文字的互動深具啟發性，裡面有值得開採的礦藏與寶藏，關注插畫的議題，廣義的來說，能讓兒童文學研究成為翻譯研究的動力，因為以它得天獨厚的特質，必能為這一類的獨特翻譯現象提供洞見。

兒童文學教學的分裂思維*

凱瑟琳·巴特勒（Catherine Butler）

古佳艷　譯

前言

七年前我編輯《兒童文學教學》（*Teaching Children's Fiction*, 2006）曾在一篇序言裡樂觀地談論兒童文學作為大學科目的狀況。當時我是這麼說的：

> 兒童文學目前在大學部、碩士班以及博士班的課程，都算是活力十足、內容豐富多樣的科目，這樣的情況不僅僅在歷史悠久的教育系、圖書館系與資訊研究學系是如此，在英文系與各個童年研究中心也差不多。
>
> 以上這些系所各有不同的教學目標，對於自己的學科也有複雜的定義，所以兒童文學教學在這些地方蓬勃發展，顯示這樣的教學深具「跨學科」的特質。我們所熟悉的文學批評與理論，藉由來自文化研究、童年研

---

* 原文題目為"The Split Brain of Children's Literature Teaching"，發表於2013年12月21日於東海大學舉辦的台灣兒童文學研究學會工作坊：「兒童文學在台灣的教學」（Symposium-Workshop on Teaching Children's Literature in Taiwan），本文為工作坊的主題演講。

究、發展心理學、視覺設計以及教育理論和讀寫理論的
滋養，而更加豐富。

所以，兒童文學教學的優勢之一，就是它的多重特
質。兒童文學長久以來在英語系國家被視為是文學的邊
陲領域，但因著這樣的多重特質，它足夠宣稱自己是英
語學門的新典範：擔負著梳理「文化脈絡」與「跨科
際」整合的新使命。不但如此，很多最近才在學術圈、
教育界崛起的新議題，其實都是研究兒童文學一開始
就要面臨到的基本問題：包括文本的接受、意識形態與
官方檢查制度、寫作倫理、評論家與讀者之間複雜的糾
葛、書籍作為商品與文化資產的地位等等。（1-2）

今天我的演講，將針對其中的幾個議題來談。第一是有關兒
童文學批評的身分問題：它承繼了不同的學科——特別是「英語
文學」與「教育」這兩大領域。2006年的我慶幸這樣的承繼身分
是一種優勢，現在看來仍然如此，不過，我當時也意識到，如果
兒童文學作為學科領域欠缺清楚的定義、在方法學上沒有共識、
學者之間因為背景的差異，在假設、目的以及術語方面無法溝
通，將會是很大的危機。

另外，我還想進一步討論（剛剛所引用的那一段話裡的）一
個頗耐人尋味的詞句：「評論家與讀者之間複雜的糾葛。」這是
我從2006年來，一直思索的問題。而今天的演講，就從我思索這
個問題，發現了什麼可能的解答，來向各位報告。

兒童文學的「史前史」

　　為了解釋這件事，我得繞點兒路，先指出兒童文學批評與一般的文學批評有個很大的差異。這個差異，為兒童文學批評家和老師帶來立即的困境，不過我相信，這差異終究會為兒童文學這個學科帶來優勢。原因等一下就會越來越清楚，容許我先提一下「英國文學」作為一個學科在早期所遭遇的景況。

　　底下我所講的歷史是縮減版，不過我相信可信度並不打折。在英國文學成為大學裡的一個學科之前，文學評論是所謂「文人」（men of letters）的專屬，這些「文人」裡有很多人是作家（像是Ben Jonson, John Dryden, Samuel Johnson, William Wordsworth, Samuel Taylor Coleridge, Matthew Arnold 等等），這些人都寫文章、談文藝，談詩論文的文章只是許多種文章中的一種，這些作家也寫詩、寫小說、寫劇本。約莫十九世紀末，英國文學系開始在大學裡出現，而這些文人進了大學當起教授，布瑞里（A. C. Bradley）、奎勒—寇茲爵士（Sir Arthur Quiller-Couch）、森茨伯里（George Sainstsbury）都在二十世紀初擔任文學教授。他們之所以能夠在大學的文學系任教，主要原因在於他們深具文化素養、具有敏銳的洞察力、博學多聞、口才又好，能夠將深刻的思想傳達給其他人。簡單的說，他們比一般讀者優秀——尋常讀者只能仰慕或模仿他們的細膩詮釋與寫作風采（那個時代，也同時存在著另一批技術性的專家：如書目專家、文字學專家、古文專家等等，他們的故事也值得探究，但不是我今天演講的重點）。

　　然而第一次世界大戰之後，從事英國文學研究的學者發現，自己竟然需要為英國文學是不是「適切」的學科展開辯護。那時社會開始普遍認為文學評論不是什麼專業，只是美學家與閒暇人士玩票性質的活動，一般嚴肅的讀者，應該都能夠自行在閒暇時刻閱讀與討論文學。面對這樣的新挑戰，批評家於是認定「系統化的知識與方法論」是必要的，同時還需要發展某種創造與評量新知識的創造標準。當時的知識界，就像現在一樣獨尊科學方法，認為科學方法乃是知識創造的主要形式。我們都知道，所謂科學知識，是藉由能夠被一再驗證的假設而成立，而能夠一再重複證明的「實驗」就是其中的典範：如果甲科學家得到某種結論，那麼乙科學家在同樣的實驗條件下，一定也可能得到同樣的結論。在這情況下，脈絡（context）是不會受到強調的，例如，實驗者多大年紀、是男是女不重要，實驗地點在紐約、巴黎還是台北也沒有很大的關係。科學實驗的設計，早就排除這些差異會造成的影響，也因此撰寫實驗報告時，必須採用一種「非個人化的」書寫風格，我們不需要知道科學家對這實驗的感受。

　　在1920年代，文學批評家也曾嘗試把文學批評導向類似的方向——去除個人成分，盡量降低有關歷史與文化脈絡的訊息。在那個時代有名的例子之一是劍橋大學的教授理查茲（I. A. Richards），他帶著大學部學生讀詩，卻不告訴他們詩的作者、年代等相關資料，只要求學生關注文本——也就是一讀再讀都不會改變的部分（在這樣的類比之下，每一次的閱讀就等同於一次新的實驗）。

　　文學研究當時可能發展的路線之一是經驗主義或實證研究（empiricism）——也就是蒐集讀者的實際文本閱讀經驗作為觀察資料數據，不過這個路線從未在文學批評領域真正實現過。[1]然而，我們應當記住它，因為等一下談兒童文學的時候，經驗研究與實證主義卻相當重要。

　　1940年代跟隨科學的客觀腳步，美國批評家溫賽特（W. K. Wimsatt）與柏茲里（Monroe Beardsley）企圖消滅文學討論裡所謂的「意圖謬誤」（intentional fallacy）和「感受謬誤」（affective fallacy）。「意圖謬誤」指的是從作者的意圖去了解或描述作品的做法；「感受的謬誤」則是從作品對讀者所產生的效果，去理解與討論作品。對溫賽特與柏茲里這兩位學者而言，作者意圖是不可知的，而每個讀者對於作品的反應都不相同，因此談感受是不可靠的，唯有聚焦文本的分析，才能得到客觀、可以驗證的文學觀點。所以，實證的路線不曾受到青睞，文學研究走向抽象的文本分析，而分析的主體則是個被貼上「讀者」標籤的模糊人物。

　　我想這樣摒棄脈絡（外緣研究）而單單注重文本的方式，從許多方面來看都是不健康的，它把閱讀過程的核心——也就是文學的體驗——摒棄於門外。我最近的研究計畫就與這方面有關，舉個例子：我上個禮拜才在另外一場聽眾裡有一般讀者也有學者的演講裡提到，書本或作品被設定的地理位置，往往成為

---

[1] 除了少數的例外，例如Norman Holland。

那本書的重要元素。假設讀者閱讀了《咆哮山莊》（*Wuthering Heights*），一定都會想到約克郡親睹沼澤莊園的實景、感受故事發生地點的氛圍，讀者在當地的旅行經驗，一定會受到艾蜜莉‧布朗特（Emily Brontë）小說的影響，接著，遊覽過後，日後再翻閱小說，閱讀經驗也勢必受到實地旅遊經驗的影響，這樣的有趣互動值得研究。的確，讀者通常就是以這種方式體驗、了解與記憶《咆哮山莊》這類作品，然而傳統文學批評卻不太討論這類經驗，就算有人從這角度討論作品，數量也很少，而且可能遭人側目。

傳統文學批評中，有關閱讀經驗的討論很貧乏，這正是文學批評在二十世紀中模仿科學典範所帶來的不幸後果。我最近的思考與努力，都在利用自己小小的力量企圖扭轉這個狀況。

除了以上的不良後果，文學批評走向科學方法論的路子，還另外帶來了一個極具反諷效果的副作用。我指的是批評家作為「**模範讀者**」（*exemplary* reader; 粗體為本文作者所強調）這件事。還記得我曾說過，權威人士如布瑞里和他那個時代的文人，大多是具有深厚文化素養和美學品味的人嗎？是的，這一點卻沒有因為科學方法的來臨而褪色，除了理查茲的大學部學生必須不帶感情地詮釋沒有作者名字、沒有寫作年代的作品，我們或許應該看看同樣這位老師的研究生威廉‧燕卜蓀（William Empson）的作品。燕卜蓀的第一本書，也是他最為人熟知的著作叫做《模糊歧異的七種類型》（*Seven Types of Ambiguity*, 1930），書名聽起來既客觀又科學，或許還對分類學有所貢獻——這本書在我們

的記憶裡，是一位技巧高明的讀者對文本細讀所做的詮釋，我們跟著燕卜蓀閱讀，敬畏與欽佩地宛如看到任何領域的專家，高明地展現他的技巧。燕卜蓀與柏茲里的差異，在於燕卜蓀相當注重文本細節，但兩人都被視為專業級讀者，所有讀者都渴望自己能夠擁有那樣卓越的本領。

今天，雖然批評方法已經改變，縱使細讀文本的方式不再獨霸，他們倆人的閱讀方式仍受推崇。批評家有聲望、使用專業術語、在期刊發表論文、有一群仰慕他們的學生坐在教室裡聽課，一般讀者可不是這樣的，他們只能在自己家裡靜靜地閱讀。一般讀者或許可以在部落格或朋友聚會裡談談他們的閱讀經驗，但當他們如此做的時候，並沒有特別的權威。一般讀者不是燕卜蓀，他們和理查茲的實驗裡那些沒有留下姓名的學生比較類似。

現在總算要進入正題了。批評論述給了評論家一個特殊的位子──他代表了所有讀者，從某種意義上來說，他是每個人，然而，這就是英國文學研究的矛盾點。批評家的閱讀既是一般讀者理應崇拜遵循的完美範例，卻也是一種代表性的閱讀，代表能夠被任何人複製，展現「讀者」努力追尋之後，可以在文本裡發現的東西。批評家與一般讀者的區分，對英國文學研究來說非常重要，如果閱讀是如此平等的、每個人都可以做得一樣好，那我們何須培養一票專業評論家？但是，批評家與一般讀者的差別卻也應該最好不存在，因為除非批評家的看法是某種實驗的發現與結果，可以被別人驗證和複製，否則文學批評又怎能被視為「知識」呢？

這樣的戲法在文學批評裡一直存在，矛盾從未停止。從未有人施壓要檢驗或解決這樣的矛盾，但我認為，是需要改變的時候了。

兒童文學

兒童文學的學術研究、立場和上述大不相同——或者說應當大不相同。在兒童文學的領域，「目標讀者」與在大學裡寫作和教書的批評家之間，有極大的鴻溝，兩者的差異大到無法視而不見。兒童文學的目標讀者是兒童，而批評家是成人，把兒童與成人混為一談的機率很低，這意味著兒童文學批評家無法規避前述的矛盾——把評論家和讀者混為一談的矛盾。我曾說，大家已經開始這麼做了，只是速度還不夠快。

當我們談一本童書時，我們是怎麼讀的？當我們自己是成人、是批評家？帶著成人的經驗、美學觀點、態度、價值觀來讀？或者假裝我們是孩子？而當我們在大學課堂上講授童書的時候，我們又該怎麼排列優先順序？

不管我們用哪種身分來閱讀童書，都是有問題的。如果我們選擇以成人評論家身分閱讀與討論童書，我們談的還是兒童文學嗎？我們在閱讀許多童書時可以發現，用閱讀成人作品的訓練和眼光，也可以在童書裡找到微妙的回應，但這是最適合的讀法嗎？畢竟這些文本是寫給眼光非常不一樣的一群讀者看的。我必須承認，在寫作有關兒童文學的書或文章時，我實際上是忽略童

書的主要讀者的，我的內心時常對於未能關照這一塊感到遺憾。

　　從另一方面來看，如果我們希望用兒童閱讀童書的方式來談童書，我們卻會面臨更大的挑戰，畢竟很明顯的，我們無法站在很權威的立場宣告，兒童是怎麼讀的——他們感受到了什麼、了解了哪些？二十年前，批評家彼得·杭特（Peter Hunt）提出過所謂的「兒童的評論觀點」（childist criticism），他羅列幾個層面，例如他認為兒童的品味和成人差異很大——他們喜愛戲劇化的情節、清楚的道德訊息、快樂結局等。不過，我們怎麼能得知這些呢？挖掘自己不可靠的童年記憶嗎？當我們談到「孩子喜歡」某些東西時，我們是否隨從了某種既定偏見？我們做了實證研究，找到了隨機的樣本嗎？全球現在有幾億的兒童，而過去世世代代裡更曾有過數不清的兒童，我們只在當代觀察了一些樣本，就足以這麼以偏概全的提出結論嗎？

　　今天的講題：「兒童文學教學的分裂思維」，借用了醫學上的症狀來作比喻，得了裂腦症（大腦分裂）的病人，腦子的左右半球是分開的。人類的左腦與右腦分別掌管不同的功能（例如視覺功能、語言功能）。裂腦症的病患如果在左邊視覺區看到了一張圖畫，他們可以辨識自己看到了什麼，但是卻無法講出來：因為左右兩邊的腦子各自正常運作卻沒有辦法彼此溝通。我認為這和兒童文學的研究狀況頗為類似：現實生活裡的兒童實際閱讀經驗與批評家的理論論述世界，兩者完全分離。我們知道兩個世界的存在，而且我們知道兩者應當相互連結，但就是找不到方法、做不到。然而，我希望我已經表達得夠清楚，這個狀況只是整體

文學研究領域（或者至少是英語世界的文學研究）更大的分裂現況裡的一個例子而已。

　　我在演講開頭已經指出兒童文學研究的多重學科背景，我相信這樣的背景對於我們要努力的工作很有幫助，原因我等一下再說——不過我們耽延得太久了。在我任教的大學裡，兒童文學既放在英文系裡也放在教育系裡（我相信這樣的情況很普遍），而英文系與教育系分屬不同的校區，同事幾乎都碰不到面，對我來說，我以文學學者的身分研究兒童文學，依靠的是英國文學的訓練（我原本做文藝復興時期的詩歌），當我在寫《四位英國奇幻作家》（*Four British Fantasists*, 2006）那本書的時候，同時也正要出版《兒童小說教學》（*Teaching Children's Fiction*, 2006）那本書。我努力寫了十萬字，總算寫到了結論，但這才了解隱含在背後的事實——那四位奇幻作家的作品正是為兒童而寫。至於我的教育系同事，他們討論童書時往往著眼於讀寫能力、兒童發展、兒童心理學——很少談童書的文學層面。我們這兩種學者從不碰面、也從來不需要互相連絡——也就是說，兒童文學研究如同裂腦症般，基本上是分裂的。

　　當然，這狀況大家都知道。兒童文學與「兒童」的關係在1980年代廣受批評家重視，例如：羅絲（Jacqueline Rose）、諾德曼（Perry Nodelman）、杭特（Peter Hunt）、哈林岱爾（Peter Hollindale）、歐伊斯尼可—歐伯斯坦（Karin Oesnik-Oberstein）等人都關注這個議題。採用不同的路徑與做法，他們一再闡述兒童文學研究在處理「兒童」這方面的尷尬處境：如何再現兒童、

如何將兒童投射其作為兒童文學的目標讀者、兒童作為他者、兒童如何被成人的慾望召喚或兒童如何在成人的論述裡被建構。還有，兒童雖然是兒童文學的消費者，成人卻是生產者、篩選者、審核者、出版者、購買者、守門人。縱然有這麼多的思索與反省，兒童文學批評家卻從未想到要朝實際路線或經驗主義的方向前進——還是忽略了真實生活裡的兒童——反倒是邁向理論化與抽象化。「兒童」就像前面所講的「讀者」一樣，成為一種概念，沒被當作血肉之軀。歐伊斯尼可—歐伯斯坦甚至在她那本書《兒童文學：批評與虛構的兒童》（*Children's Literature: Criticism and the Fictional Child*, 1998）裡宣稱：兒童從未存在——雖然她承認有所謂的青少年，但她沒有讓這一點絆住她。

　　或許這樣的書有其必要，它提出了知性上的挑戰。但這樣的論點把兒童與他們閱讀的書籍甚至推得更遙遠，拒絕得更徹底。

　　我意識到這個問題已經一段時間了，但它發酵了一陣子才讓我覺得嚴重到需要付諸行動，之所以如此，其實也是拜大環境改變之賜。英國高等教育系統近年來有兩個令人憂心疑惑的大改變：其一是研究獎助的性質改變了；其二為更注重就業取向，且讓我一一說明。

　　英國英文系裡的學者，數十年來都獨立做研究，因為研究的內容，大概就是生產閱讀範例，這種活動只需要一位模範讀者即可進行，不需要組成研究團隊。當然，學術計畫常常需要大量人力——例如新版本的整理、檔案的研讀與整併，不過英文系的典型學者是獨立工作者。在過去十年當中，情況卻改變了：提供研

究獎助的機構強調研究應該講求集體合作，如果有可能，跨學科整合更好，更理想的狀況是產學合作，結合學術圈之外的資源和力量。

對我而言是樂觀其成的，特別是我早已鼓吹跨學科的研究和教學。也是在這樣的挑戰之下，我首度與我教育系的同事們有了連絡，召集了一個為期兩年的研究計畫，叫做「歐洲的兒童文學學習與教學」，由歐盟提供經費贊助。我們和西班牙、土耳其與冰島的大學合作，調查學校課堂裡如何使用童書：作為語言教材？作為塑造與溝通價值觀的媒介？或是作為娛樂的材料？我們訪問了四個國家、五十個學校裡的教職員和學生（七到十一歲），把蒐集到的資料進行質性與量化的分析。今天在此只能稍稍說明，讓大家有個概念。

例如我們會問小孩子，他們對閱讀有什麼感覺？喜歡或不喜歡？他們當自己是讀者嗎？他們的回答結果有很大的差異，土耳其兒童（根據他們自己的報告）對閱讀的反應最為熱中。

我們把學生依照國籍區分，首先，我們看到單單是在英國，男孩與女孩對同樣的問題就有不同反應。女孩回答他們「喜愛」閱讀的比例比較高，男生則說閱讀「還好啦」，這到底反映了真正的喜愛程度，還是男生和女生表達熱中程度所使用的詞語不同？閱讀被視為是一種具有性別色彩的活動嗎？

此外，我們還統計了孩子們睡前的閱讀習慣。西班牙兒童聽床邊故事的比例較高，土耳其則比例最低（雖然他們表示他們很熱中閱讀），難道這是因為土耳其兒童比較喜歡自己閱讀嗎？還

是反映了其他的文化現象（西班牙兒童通常很晚才上床睡覺）？

　　於是，我們比較孩子們對於相同問題的答案。這裡我以我們布里斯托（Bristol）兩所學校的學童所提供的答案來舉例，其中一所學校的孩子來自富有的家庭，另一所來自收入較低的家庭，來自富有家庭的孩子聽床邊故事的比例較高（為了保留隱私，在我們發表的資料裡，這些學校的名字是虛構的）。

　　雖然這類資料的分析告訴我們很多資訊，但還是無法取代面對面採訪時才能獲得的質性資料。所以，在我們看過初步調查結果後，我們走進學校，再次採訪那些已經被詢問過的孩子，這次問了有關他們之前給的答案背後的細節。例如，綠林（Leafy Glade）這所學校的一些孩子們，對床邊故事的說法是：「我爸媽到了我六歲半就不再講床邊故事……我已經可以開始自己讀了」、「我覺得聽媽媽讀故事好享受」、「一本書可以讓你帶著甜蜜進入夢鄉」。而磚地（Brick Land）學校的孩子則說：「我不介意聽床邊故事，不過我爸媽太忙了，我媽在用電腦，我爸在打電動」、「我以前聽故事，不過現在大了，我房間裡有電視──我都把電視開著，直到要睡覺才關。」

　　我可以再多談點細節，但這些不是今天演講的重點。我想說的是：接下來呢？這樣的研究會把我們帶到哪裡？顯而易見的是，這研究對教授兒童文學的老師、教育決策人員、心理學家、社會學家會有幫助，我們甚至以這個研究為基礎為小學老師設計了幾個教案。目前一切看起來很不錯──至少對教育系的同事們來講是如此，但這樣的研究資料，要如何應用在我自己文學系的

課堂呢？我的學生進大學要拿的是英國文學的學位，這些學生可從未預料到他們研讀的學科是實證的或經驗的，雖然他們意識到兒童文學所牽涉到的理論問題，也知道自己不是兒童讀者，他們的訓練卻首要在於培養閱讀和詮釋能力。我如果給他們看剛剛那些圖表，他們也會有興趣，但他們要如何把這樣的兒童實地採訪資料，融入他們作為讀者閱讀文本的活動裡？他們所接受過的批判論述完全沒有容納以上資料的空間。

重視讀寫素養的教育界與重視文學的批評家在興趣方面，有重疊共通的地方。但為什麼要在研究方法上尋找相接的點卻是那麼困難？

孩子們的回答，最可能融入文學研究論述的地方在於傳統上個人表達感受時，所用的微妙語言，所以重點在於特定年齡中有百分之五十二點六的英國女孩回答他們「愛」閱讀，而不是百分之四十二點六說「喜歡」閱讀。其實，更讓傳統批評論述感覺心有戚戚焉的是第二次採訪時得到的資料：孩子們在訪問裡進一步用自己的語言，表達的個人感受。然而，一旦樣本數不夠多，你的研究結論可能落入過度普遍化的陷阱——研究者怎麼能夠把一小群孩子的個人感受，合理推論成為一般兒童的普遍反應？

這個問題早已受到關注。例如2010年諾德曼（Perry Nodelman）的文章〈暗示與現實的邊界：圖畫書裡／外的兒

童〉（"On the Border Between Implication and Actuality"），[2]就以批判的眼光討論幾篇以兒童閱讀反應為主題所做的研究報告。諾德曼指出，這些研究中幾乎沒有例外，都默默地把個別孩童等同於普遍的、所有的孩童，彷彿他們所研究的那幾個同班的六歲小學生、自己的孩子抑或是有限的幾位和他們互動的兒童，就可以作為世界各地所有孩子的代表。諾德曼認為，這不是合理的推論，這是我們進行兒童文學的實證研究時，面對的一個主要問題（1-21）。

文學批評所要求的質性分析，講求豐富性又考究細節，往往只能從小群體取樣，然而以小群體為研究對象的分析，卻無法具備代表所有兒童的普遍性。反之，如果你有個足夠大的群體——大到足以提供有意義的統計資料，讓你獲得具有代表性的結論，那麼你的研究結果對教育家或決策者就很有用，但面對大群體所進行的研究，卻很難成為內涵豐富的質性分析，至少無法達到傳統文學批評所要求的貢獻。

我的意思不是說問題無解，而是想告訴大家我們現在才開始要處理它。

---

[2] 諾德曼的文章，見 *Journal of Children's Literature Studies* 7.2 (July 2010): 1-21。另外，Farah Mendlesohn 於2012年在Roehampton「英國兒童文學研究中心」（NCRCL）會議上的主題演講：〈你講的是哪個孩子？〉（"What is this Child You Speak Of?"）也提到同樣的看法。

教學

剛剛提到的是研究的部分，我稍早提過，身為兒童文學學者有兩個因素近年來改變了我的工作內容，第二個因素與「教學」密切相關。事實上「教學」這件事背後連結的是好幾個原因的混合。首先，英國（跟其他的國家一樣）這幾年歷經了財源短缺的問題，學生因此對於未來的就業更加惶恐，此外學費高漲，造成學生（我們可以理解）開始以消費者的心態看待高等教育——認為付出高學費就有權利要求好的服務，他們不是來拜師學藝的。最後，學生對老師的評鑑意見，現在可以直接出現在老師的教學評分表上，然後間接影響各種課程以及各個大學的評鑑表現。把這些因素加在一起，身為大學教授，我們現在常被問到，課堂的學習和外在世界有什麼關係？特別是與就業市場的關係如何？也暗示著他們想知道：「修兒童文學可以幫我找到工作嗎？」

有個兒童小說課程我已經教了十二年了，直到今年，我都以傳統文學課程的講課方式授課。我們閱讀文本、在課堂上進行討論，最後學生撰寫報告，這方式一直運作順利，這門課也非常受歡迎，它安安分分地屬於標準的文學批評課程範圍。這個課的上課方式之所以會這麼沒有變化，或許是因為我的兒童文學課程授課對象是將來要領文學學士文憑的學生，我自己有壓力，覺得必須證明這個課是合宜的「嚴肅」課程，研讀的作品和莎士比亞與吳爾芙（Virginia Woolf）足以等量齊觀。我不認為只有我有這樣的壓力，兒童文學當年曾必須很努力地「證明」自己是個值得研

究的領域，今天仍舊如此，英國某些大學的英文系至今仍然覺得研究兒童文學有失顏面。

　　不過，或許我是多慮了。今年開始，我總算有能力與信心（一方面也因為我剛剛提過的大環境的改變），讓我感覺進行教學改變的時機成熟了。我的實驗或許沒有什麼驚人之處，而且也還在進行當中，還不知道最後的結果，不過我做了以下的課程內容變化。

　　首先，我邀請學術界以外的朋友——兒童讀物的專業人員——進入課堂和學生面對面。到目前為止，已有圖書館員、童書出版商出現在我的教室，接下來陸續還有小學老師、插畫家和作家。當然，這些人都是成人，我的做法並沒有扭轉我們所面對的「大人談論童書」的問題，不過藉由幾次的經驗累積，學生逐漸發覺自己可以用文學批評家以外的立場和態度看待兒童文學，也可以用不同的方式衡量童書的價值。我希望藉此能夠為他們開拓眼界，發掘未來生涯可能的道路，此外，也鼓勵他們能以更開放的眼光看待兒童文學，不再侷限於文本和讀者間的關係。

　　第二，我在課堂上還是講課——解釋作品，但那只是一部分，我們現在把大部分時間放在脈絡問題的討論和辯論：例如，什麼是兒童文學？那是誰的文學？道德訊息在兒童文學扮演什麼角色？我們該如何評判它？

　　第三，在作業方面，同學們還是得交傳統的報告，但現在有了其他與兒童文學密切相關的選項：他們可以寫有關童書改編電影的影評、可以寫同人小說、訪談兒童文學領域的專業人員、設

計書籍封面、拍攝宣傳書籍上市的預告片、撰寫童書新聞報導或為小學生寫教案。很明顯地，這些選項多是為了增進他們未來步出大學校園後的實際工作能力所設計的，但另一方面也企圖調整焦點，走出單單重視文本的狹隘限制，把兒童文學擺放到廣闊的「自然荒野」環境中。

或許我所做的沒有絲毫驚人之處，我相信其他老師也都在做類似的事，我並不是教學方面的先驅。但我想要標示和鼓勵大家把文學研究重新定位，終結長期以來盤據在它的核心的矛盾：也就是批評家與讀者既被含混地歸為同類，卻又被嚴格區分的狀況。

結語

雖然我們對於問題各個面向的理解逐漸明朗，但文學批評與教學之間的裂腦症（分裂思維）的治療才正要開始，這治療不單單是理論的問題，或者是實踐的問題而已，我們需要逐步醞釀出新的模式，用來閱讀和討論文學。這將觸及到所有閱讀的根基以及閱讀的特定狀況——就是類似語言學家所講的「閱讀的**語用學**」（a *pragmatics* of reading; 粗體為本文作者所強調）。

在這樣的治療過程中，我們能夠宣稱的是：在重塑文學批評（知識結構、目標與方法）以及教學的過程裡，兒童文學可能擔任領頭羊的角色。2006年我曾提過，兒童文學在某些方面是個典範學科（paradigmatic discipline），而我相信至今仍然如此。在文學批評的金字塔結構裡，兒童文學長期屈居低階位置，但我相

信（就如同聖經所說）「匠人所棄的石頭已作了房角石」。經由
兒童文學作為範例，文學教學作為一個整體，現在正在最好的機
會點上往前邁進。

參考書目 References

Altmann, Anna E. "Parody and Poesis in Feminist Fairy Tales." *CCL: Canadian Children's Literature* 73 (1994): 22-31.

Andersen, Hans Christian. *Fairy Tales Told for Children*. Copenhagen: C. A. Reitzel, 1837.

Anderson, M.T. *Feed*. Cambridge, MA: Candlewick, 2002.

Ardizzone, Sarah. "Translation Nation." *In Other Words: The Journal for Literary Translators* 38 (2011): 6-11.

Ashcroft, Bill. "Alternative Modernities: Globalization and the Post-Colonial." *ARIEL* 40.1 (2009): 81-105.

Bacchilega, Cristina. *Fairy Tales Transformed? Twenty-First-Century Adaptations and the Politics of Wonder*. Detroit: U of Wayne State P, 2014.

Baker, Jeannie. *Belonging*. London: Walker Books, 2004.

Barnes, Clive. "Interview with Delaram Ghanimifard." "(n.d.)" 29 June 2016 <IBBY British section website http://www.ibby.org.uk/tiny-owl.php>.

Barrie, J. M. *Peter Pan*. London: Hodder & Stoughton, 2011.

Barzilai, Shuli. "Reading 'Snow White': The Mother's Story." *Signs* 15.3

(1990): 515-34.

de Beauvoir, Simone. *The Coming of Age*. Trans. P. O'Brian. New York: Norton, 1996.

Bell, Anthea. "Children's Books in Translation." *Signal* 28 (1979): 47-53.

——. "Translator's Notebook: The Naming of Names." *Signal* 46 (1985): 3-11.

Bemelman, Ludwig. *Madeline*. New York: Viking, 1939.

den Besten, Olga. "Local Belonging and 'Geographies of Emotions': Immigrant Children's Experience of their Neighbourhoods in Paris and Berlin." *Childhood* 17.2 (2010): 181-96.

Blabey, Aaron. *Sunday Chutney*. Camberwell, Vic: Penguin, 2008.

Blake, Quentin. "The Illustration of Classics for the Folio Society." *Anglistik* 25.1 (2014): 103-12.

Boog, Jason. "Dystopian Fiction on Goodreads." *Galleycat*. "(n.d.)" 9 July 2012 <http://www.mediabistro.com/galleycat/infographic-dystopian-fiction-on-goodreads_b48815>.

Borodo, Michal. *Translation, Globalization and Younger Audiences: The Situation in Poland*. Oxford: Peter Lang, 2017.

Boyhood. Dir. Richard Linklater. Perf. Patricia Arquette, Ellar Coltrane, Lorelei Linklater, and Ethan Hawke. 2014. Videocassette. IFC Films and Universal Pictures, 2015.

Bradbury, Steve, and Fiona Feng-Hsin Liu. "Everywhere a Children's Book: The View from Taiwan." *The Horn Book Magazine* 79.2 (2003):

239-48.

Browne, Anthony. *The Big Baby*. London: Knopf, 1993.

——. "How I Re-imagined Alice in Wonderland." *The Guardian* 29 Mar 2015. 23 Dec 2020 <https://www.theguardian.com/childrens-books-site/gallery/2015/mar/29/anthony-browne-alice-in-wonderland-lewis-carroll>.

de Brunhoff, Jean. *The Story of Babar the Little Elephant*. Trans. Olive Jones. London: Methuen, 1934.

Büchler, Alexandra and Giulia Trentacosti. *Publishing Translated Literature in the United Kingdom and Ireland 1990 – 2012: Statistical Report*. Aberystwyth: Mercator Institute for Media, Languages and Culture, Aberystwyth University, Wales, 2015.

Buckalew, Mary. "Global Time in Lucy Boston's Green Knowe Novellas." *Children's Literature Association Quarterly* 19.4 (1994): 182-87.

Butler, Catherine. *Four British Fantasists: Place and Culture in the Children's Fantasies of Penelope Lively, Alan Garner, Diana Wynne Jones, and Susan Cooper*. Lanham, MD: Scarecrow, 2006.

——. *Teaching Children's Fiction*. London: Palgrave Macmillan, 2006.

Campbell, Joseph W. *The Order and the Other: Power and Subjectivity in Young Adult Literature*. Dissertation: U of Illinois State P, 2010.

Carroll, Lewis. *Alice Au Pays Des Merveilles*. Illus. Rébecca Dautremer. Paris: Gautier-Languereau, 2010.

——. *Alice im Wunderland & Alice Hinter Den Spiegeln*. Trans. Christian

Enzensberger. Illus. Floor Rieder. Hildesheim: Gerstenberg, 2015.

——. *Alice im Wunderland*. Trans. Lieslotte Remané and Martin Remané. Illus. Frans Haacken. Berlin: Alfred Holz, 1967.

——. *Alice in Wonderland*. Illus. Lisbeth Zwerger. New York: North-South Books, 1999.

——. *Alice in Wonderland*. Illus. Ralph Steadman. 1968. Buffalo N.Y.: Firefly Books, 2006.

——. *Alice in Wonderland*. London: Macmillan, 1865.

——. *Alice's Adventures in Wonderland*. Illus. Willy Pogány. New York: Dutton, 1929.

——. *Alices Abenteuer im Wunderland*. Trans. Martin Karau. Illus. Jassen Ghiuselev. Berlin: Aufbau, 2005.

——. *Alice's Adventures in Wonderland*. Illus. Anthony Browne. London: Walker Books, 2015.

——. *Alice's Adventures in Wonderland*. Illus. Helen Oxenbury. Cambridge, MA: Candlewick, 1999.

——. *Alice's Adventures in Wonderland*. Illus. John Tenniel. London: Macmillan, 1865.

——. *Alice's Adventures in Wonderland*. Trans. Christian Enzensberger. Illus. John Tenniel. Frankfurt a. M.: Insel, 1963.

Casanova, Pascale. *The World Republic of Letters*. Trans. Malcolm De Bevoise. Cambridge, Mass: U of Harvard P, 2007.

Chen, Kuan-hsing. *Asia as Method: Toward Deimperialization*. Durham: U of Duke P, 2010.

Collins, Suzanne. *The Hunger Games*. New York: Scholastic, 2008.

Collodi, Carlo. *The Adventures of Pinocchio*. 1881. Berkely, CA: U of California P, 1986.

Cooper, Susan. *The Dark Is Rising*. 1973. New York: McElderry, 1999.

Cross, Gillian. *Wolf*. London: Puffin, 1990.

Cullis-Suzuki, Severn. *Anataga sekaiwo kaeru hi* (The Day You Change the World). Japan: Gakuyo Shobo, 2003.

Dahl, Roald. *The Witches*. New York: Penguin, 1983.

Darton, F. H. Harvey. *Children's Books in England: Five Centuries of Social Life*. Cambridge: U of Cambridge P, 1932.

Darwin, Charles. *On the Origin of Species*. London: John Murray, 1859.

Davis, Rocio G., ed. *The Transnationalism of American Culture: Literature, Film, and Music*. New York: Routledge, 2012.

Dickinson, Peter. *Eva*. New York: Doubleday, 1988.

Dodgson, Charles L. "'Alice's Adventures Under Ground', the Original Manuscript Version of Alice's Adventures in Wonderland." *The British Liberary*. "(n.d.)" 23 Dec 2020 <https://www.bl.uk/collection-items/alices-adventures-under-ground-the-original-manuscript-version-of-alices-adventures-in-wonderland>.

Donahaye, Jasmine. *Three Percent? Publishing Data and Statistics on Translated Literature in the United Kingdom and Ireland Literature across Frontiers*. Aberystwyth: Mercator Institute for Media,

Languages and Culture, Aberystwyth University, Wales, 2012.

Donoghue, Emma. *Kissing the Witch: Old Tales in New Skins*. New York: Harper, 1997.

Doughty, Jonathan. "More Than Meets the 'I': Chinese Transnationality in Gene Luen Yang's *American Born Chinese*." *Asian American Literature: Discourses and Pedagogies* 1 (2010): 54-60.

Dragt, Tonke. *The Letter for the King*. Trans. Laura Watkinson. London: Pushkin, 2013.

E. T.: The Extra-Terrestrial. Dir. Steven Spielberg. Perf. Dee Wallace, Henry Thomas, Peter Coyote, Robert MacNaughton, and Drew Barrymore. DVD. Amblin Entertainment, 1982.

Eastman, P. D. *Are You My Mother?* New York: Random House, 1960.

Egan, Kieran. "Fantasy and Reality in Children's Stories." "(n.d.)" 22 Nov 2020 <https://www.sfu.ca/~egan/FantasyReality.html>.

Eliot, T. S. *The Waste Land*. 1922. New York: Horace Liveright, 1928.

Empson, William. *Seven Types of Ambiguity*. 1930. New York: New Directions, 1966.

Falconer, Ian. *Olivia Goes to Venice*. New York: Atheneum, 2009.

Farjeon, Eleanor. "And I Dance Mine Own Child." *The Little Bookroom*. Oxford, UK: Oxford UP, 1955. 216-43.

Flugge, Klaus. "Crossing the Divide." *The Bookseller* 8 April (1994): 18-20.

Freeman, Elizabeth. *Time Binds: Queer Temporalities, Queer Histories*.

Durham: U of Duke P, 2010.

Freud, Sigmund. *The Standard Edition of the Complete Psychological Works of Sigmund Freud*. Vol. 15. 1915. UK: Vintage, 2001.

Frischmuth, Barbara. *Alice im Wunderland*. Illus. Jassen Ghiuselev. Berlin: Aufbau, 2000.

Funke, Cornelia. *The Thief Lord* (*Herr der Diebe*). Trans. Oliver Latsch. Frome, Somerset, UK: Chicken House, 2002.

Gabriel, Sharmani Patricia. "Introduction: East/West—What's at Stake?" *Literature, Memory, Hegemony: East/West Crossings*. Ed. Sharmani Patricia Gabriel and Nicholas O. Pagan. Basingstoke: Palgrave Macmillan, 2018. 1-19.

Gaiman, Neil. *The Graveyard Book*. London: Bloomsbury, 2008.

———. *Coraline*. London: Bloomsbury, 2002.

van Gennep, Arnold. *The Rites of Passage*. 1909. Chicago: U of Chicago P, 1968.

Giunta, Joseph V. "'A Girl Worth Fighting For': Transculturation, Remediation, and Cultural Authenticity in Adaptations of the 'Ballad of Mulan.'" *SARE: Southeast Asian Review of English* 55.2 (2018): 154-72.

Giustiniani, Vito. "Homo, Humanus, and the Meanings of Humanism." *Journal of History of Ideas* 46.2 (1985): 167-95.

Gleeson, Libby, and Armin Greder. *An Ordinary Day*. Lindfield, NSW: Scholastic, 2001.

Gmelin, Otto F. "Worüber man heute nachdenken muß, wenn man seinem Kind ein Grimmsches Märchen vorliest." Gmelin—Märchen Venus—Schwänke [Fibel 2]. Ifez, 1977.

Golden, Catherine J. "Lewis Carroll: The First Illustrator of Alice." 13 Mar. 2017. 23 Dec 2020 <http://www.victorianweb.org/art/illustration/carroll/golden.html>.

Goodrich, Samuel Griswold. *Home Treasury*. London: Darton & Clark, 1841-49.

Gopnick, Alison. *The Philosophical Baby: What Children's Minds Tell Us about Truth, Love, and the Meaning of Life*. New York: Farrar, Straus and Giroux, 2009.

Greder, Armin. *The City*. Crows Nest, NSW: Allen & Unwin, 2009.

Green, Lorraine. *Understanding the Life Course: Sociological and Psychological Perspectives*. London: Polity, 2010.

Greenhill, Pauline, and Jill Terry Rudy, eds. *Channeling Wonder: Fairy Tales on Television*. Detroit: U of Wayne State P, 2014.

Grossman, David. *Duel*. Trans. Betsy Rosenberg. London: Bloomsbury, 1998.

Gullette, Margaret Morganroth. *Agewise: Fighting the New Ageism in America*. Chicago: U of Chicago P, 2011.

——. *Aged by Culture*. Chicago: U of Chicago P, 2004.

Hall, Amy Laura, and Kara N. Slade. "This is the Way the World Ends: A Conversation between Kara N. Slade and Amy Laura Hall on

Domination and Solidarity in Young Adult Dystopias." *The Other Journal: An Intersection of Theology and Culture.* 2011. 25 July 2011 <https://theotherjournal.com/2011/06/02/this-is-the-way-the-world-ends-a-conversation-between-kara-n-slade-and-amy-laura-hall-on-domination-and-solidarity-in-young-adult-dystopias/>.

Hall, Stuart. "The Local and the Global: Globalization and Ethnicity." *Culture, Globalization and the World-System: Contemporary Conditions for the Representation of Identity.* Ed. Anthony D. King. Minneapolis: U of Minnesota P, 1997. 19-40.

———. "Cultural Identity and Diaspora." *Colonial Discourse and Post-Colonial Theory: A Reader.* Ed. Patrick Williams and Laura Chrisman. London: Harvester Wheatsheaf, 1994. 227-37.

Hamilton, Virginia. *Dustland.* New York: Greenwillow, 1980.

Hearn, Jeff. "Imaging the Aging of Men." *Images of Aging: Cultural Representations of Later Life.* Ed. Mike Featherstone and Andrew Werknick. New York: Routledge, 1995. 97-115.

Heilbron, Johan. "Towards a Sociology of Translation: Book Translations as a Cultural World-System." *Critical Reading in Translation Studies.* Ed. Mona Baker. London: Routledge, 2010. 304-17.

Henkes, Kevin. *Little White Rabbit.* New York: Greenwillow, 2011.

Henneberg, Sylvia B. "Moms Do Badly, but Grandmas Do Worse: The Nexus of Sexism and Ageism in Children's Classics." *Journal of Aging Studies* 24 (2010): 125-34.

——. "Of Creative Crones and Poetry: Developing Age Studies Through Literature." *NWSA Journal* 18.1 (2006): 106-25.

Hintz, Carrie, and Elaine Ostry, eds. *Utopian and Dystopian Writing for Children and Young Adults*. New York: Routledge, 2003.

Hobsbawm, Eric. *Industry and Empire: The Birth of the Industrial Revolution*. New York: New Press, 1999.

Hollindale, Peter. *Ideology and Children's Book*. Stroud, Glos, UK: Thimble, 1988.

Hughes, Ted. *The Iron Man/The Iron Giant*. London: Faber and Faber, 1968.

Hunt, Peter. *Criticism, Theory, and Children's Literature*. Oxford, UK: Basil Blackwell, 1991.

Inui, Tomiko. *The Secret of the Blue Glass*. Trans. Ginny Tapley Takemori. London: Pushkin, 2015.

Jackson, Anna, Karen Coats, and Roderick McGillis. "Introduction." *The Gothic in Children's Literature: Haunting the Borders*. Ed. Anna Jackson, Karen Coats, and Roderick McGillis. New York: Routledge, 2008. 1-14.

Jakobson, Roman. "On Linguistic Aspects of Translation." *The Translation Studies Reader*. Ed. Laurence Venuti. London and New York: Routledge, 2000. 126-32.

Joosen, Vanessa. "'As If She Were a Little Girl': Young and Old Children in the Works of Lucy M. Boston, Eleanor Farjeon, and Philippa

Pearce." *Interjuli: Internationale Kinder- und Jugendliteraturforschung* 1 (2013): 21-34.

——. *Critical and Creative Perspectives on Fairy Tales: An Intertextual Dialogue Between Fairy-Tale Scholarship and Postmodern Retellings.* Detroit: U of Wayne State P, 2011.

Joosen, Vanessa, and Gillian Lathey, eds. *Grimms' Tales around the Globe: The Dynamics of Their International Reception.* Detroit: U of Wayne State P, 2014.

Juno. Dir. Jason Reitman. Perf. Elliot Page. 2007. Videocassette. Searchlight Pictures, 2008.

Juster, Norman. *The Phantom Tollbooth.* New York: Random House, 1961.

Kästner, Erich. *Emil and the Detectives.* Trans. Eileen Hall. Illus. Walter Trier. London: Penguin, 1959.

——. *Emil and the Detectives.* Trans. Margaret Goldsmith. Illus. Walter Trier. London: Jonathan Cape, 1931.

Kelly, Richard. "'If You Don't Know What a Gryphon Is': Text and Illustration in Alice's Adventures in Wonderland." *Lewis Carroll: a Celebration. Essays on the Occasion of the 150 Anniversary of the Birth of Charles Lutwidge Dodgson.* Ed. Edward Guiliano. New York: Potter, 1982. 62-74.

Kidd, Kenneth. *Theory for Beginners: Children's Literature as Critical Thought.* New York: Fordham UP, 2020.

Kingsley, Charles. *Water Babies.* London: Macmillan, 1863.

Kipling, Rudyard. *The Jungle Book*. London, Macmillan, 1894.

Kress, Gunther and Theo van Leeuwen. *Reading Images: The Grammar of Visual Design*. 2nd ed. London: Routledge, 2005.

L'Engle, Madeleine. *A Wrinkle in Time*. New York: Farrar, Straus, & Giroux, 1963.

Lalara, Rhoda, and Alfred Lalara. *Yirruwa Yirrilikenuma-langwa /When We Go Walkabout*. Crows Nest, NSW: Allen & Unwin, 2014.

Lathey, Gillian. *The Role of Translators in Children's Literature: Invisible Storytellers*. London and New York: Routledge, 2010.

Le Guin, Ursula. *The Language of the Night: Essays on Fantasy and Science Fiction*. New York, Harper Perennial, 1989.

Lee, Nick. *Childhood and Society: Growing Up in an Age of Uncertainty*. London: U of Open P, 2001.

Lefebvre, Henri. *The Production of Space*. Oxford, UK: Blackwell, 1991.

Lefevere, André. *Translation, Rewriting, and the Manipulation of Literary Fame*. New York: Routledge, 1992.

Lehtonen, Sanna. *Girls Transforming: Invisibility and Age-Shifting in Children's Fantasy*. Jefferson, North Carolina: McFarland, 2013.

Lesnik-Obsertein, Karin. *Children's Literature: Criticism and the Fictional Child*. Oxford, UK: Clarendon, 1998.

Lewis, C. S. *The Lion, the Witch and the Wardrobe*. London: Geoffrey Bles, 1950.

Lieberman, Marcia K. "'Some Day My Prince Will Come': Female

Acculturation through the Fairy Tale." *Don't Bet on the Prince: Contemporary Feminist Fairy Tales in North America and England.* Ed. Jack Zipes. New York: Routledge, 1989. 185-200.

Lieske, Tanya. "'Alice ist eine Metapher für so viele Leute'. Neu illustriert: 'Alice im Wunderland'." *Deutschlandfunk* 31 Oct 2015. 23 Dec 2020 <http://www.deutschlandfunk.de/neu-illustriert-alice-im-wunderland-alice-ist-eine-metapher.1202.de.html?dram:article_id=335562>.

Lindgren, Astrid. *Pippi Longstocking.* 1945. New York: Viking, 1950.

Lindseth, Jon A. and Alan Tannenbaum, eds. *Alice in a World of Wonderlands: The Translations of Lewis Carroll's Masterpiece.* New Castle, Delaware: Oak Knoll Press in cooperation with The Lewis Carroll Society of North America, 2015.

Liu, Kuilan. "When the Monkey King Travels across the Pacific and Back: Reading Gene Luen Yang's *American Born Chinese* in China." *Drawing New Color Lines: Transnational Asian American Graphic Narratives'.* Ed. Monica Chiu. Hong Kong: U of Hong Kong P, 2015. 109-24.

Lovett, Stephanie Stoffel. *The Art of Alice in Wonderland.* New York: Smithmark, 1998.

Lowry, Lois. *The Giver.* New York: Houghton, 1993.

MacKian, Sara. "Mapping Reflexive Communities: Visualizing the Geographies of Emotion." *Social & Cultural Geography* 5.44 (2004):

615-31.

Mallan, Kerry. *Secrets, Lies and Children's Fiction*. Hampshire: Palgrave Macmillan, 2013.

Malley, Gemma. *The Declaration*. New York: Bloomsbury, 2007.

Martin, Ann. "Generational Collaboration in Emma Donoghue's *Kissing the Witch: Old Tales in New Skins*." *Children's Literature Association Quarterly* 35.1 (2010): 4-25.

McKay, Hilary and Sarah Gibb. *Hilary McKay's Fairy Tales*. London: Macmillan, 2017.

McKenna, Brenton E. *Ubby's Underdogs: Return of the Dragons*. Broome: Magabala Books, 2019.

——. *Ubby's Underdogs: Heroes Beginnings*. Broome: Magabala Books, 2013.

——. *Ubby's Underdogs: The Legend of the Phoenix Dragon*. Broome: Magabala Books, 2011.

Mercier, Johanne. *Arthur et le mystère de l'oeuf (as Arthur and the Mystery of the Egg)*. Trans. D. Hahn. London: Phoenix Yard Books, 2013.

Meyer, Stephenie. *Twilight*. New York: Little, 2005.

Mignolo, Walter. "The Role of the Humanities in the Corporate University." *PMLA* 115.5 (2000): 1238-45.

Milne, A.A. *Winnie-the-Pooh*. London: Methuen, 1926.

Moglen, Helene. "Ageing and Transageing: Transgenerational Hauntings of the Self." *Studies in Gender and Sexuality* 9 (2008): 297-311.

Murai, Mayako. "Happily Ever After for the Old in Japanese Fairy Tales." *Connecting Childhood and Old Age in Popular Media*. Ed. Vanessa Jossen. Jackson, Mississippi: U of Mississippi P, 2018. 43-60.

Murphy, Louise. *The True Story of Hansel and Gretel*. London: Puffin, 2003.

Murphy, Pat. "The True Story." *Black Swan, White Raven*. Ed. Ellen Datlow and Terry Windling. New York: Avon, 1997. 278-87.

Nelson, Victoria. *Gothicka*. Cambridge, MA: U of Harvard P, 2012.

Niranjana, Tejaswini. *Siting Translation: History, Post-Structuralism, and the Colonial Context*. Berkeley: U of California P, 1992.

Nodelman, Perry. "On the Border between Implication and Actuality: Children Inside and Outside of Picture Books." *Journal of Children's Literature Studies* 7.2 (2010): 1-21.

———. *The Hidden Adults: Defining Children's Literature*. Baltimore: The John Hopkins UP, 2008.

———. *The Pleasures of Children's Literature*. New York: Longman, 1992.

Oittinen, Riitta. "No Innocent Act. On the Ethics of Translating for Children." *Children's Literature in Translation: Challenges and Strategies*. Ed. Jan Van Coillie and Walter P. Verschueren. Manchester: St. Jerome, 2006. 35-45.

———. "The Dialogic Relation between Text and Illustration: a Translatological View." *TEXTconTEXT* 5 (1990): 40-53.

Owen, Joanne. "Lost in Translation." *The Children's Bookseller* 19 March.

2004: 20-23.

Parr, Maria. *Waffle Hearts* (*Vaffelhjarte*). Trans. G. Puzey. London: Walker Books, 2013.

Pennac, Daniel. *Dog*. Eastbourne, UK: Gardners, 2002.

Pereira, Nilce M. "Book Illustration as (Intersemiotic) Translation: Pictures Translating Words." *Meta: Journal des traducteurs* 53.1 (2008): 104-19.

Pfister, Manfred. "The Dialogue of Text and Image: Antoni Tapies and Anselm Kiefer." *Bild Und Text Im Dialog*. Ed. Klaus Dirscherl. Passau: Wissenschaftsverlag Rothe, 1993. 321-43.

Pierce, Tamora. "Fantasy: Why Kids Read It, Why Kids Need It." *School Library Journal* 39.10 (1993): 50-51.

Price, Lissa. *Starters*. New York: Delacorte, 2012.

Probyn, Elspeth. *Outside Belongings*. New York: Routledge, 1996.

Pullman, Philip. *The Subtle Knife*. New York: Random House, 1997.

Reading Differences: Introducing Children to World Literature. UK: Qualifications and Curriculum Authority and the Centre for Literacy in Primary Education, 2006.

Richards, Ivor Armstrong. *Practical Criticism: A Study of Literary Judgment*. 1929. New York: Routledge, 2017.

Riordan, Rick. *Percy Jackson and the Olympians*. New York: Disney Hyperion, 2005.

Rose, Jacqueline. *The Case of Peter Pan, or the Impossibility of Children's*

Fiction. 1984. Philadelphia: U of Pennsylvania P, 1992.

Rosen, Michael and Graham Bob. *This is Our House Paperback.* Somerville, Massachusetts: Candlewick, 2005.

Rowling, J. K. *Harry Potter and the Deathly Hallows.* New York: Scholastic, 2007.

——. *Harry Potter and the Goblet of Fire.* New York: Scholastic, 2000.

——. *Harry Potter and the Philosopher's Stone.* London: Bloomsbury, 1997.

Rundell, Katherine. *Rooftoppers.* London: Faber & Faber, 2013.

Sacks, Sam. "Bring Back the Illustrated Book!" *The New Yorker.* 22 Feb 2013. 23 Dec 2020 <https://www.newyorker.com/books/page-turner/bring-back-the-illustrated-book>.

Sadler, Marilyn. *It's Not Easy Being a Bunny.* New York: Random House, 1983.

Safford, Barbara Ripp. *High Fantasy: An Archetypal Analysis of Children's Literature.* Ann Arbor, MI: University Microfilms International, 1983.

Said, Edward. *Orientalism: Western Concepts of the Orient.* New York: Pantheon, 1978.

Schachner, Judith. *Skippyjon Jones.* New York: Dutton, 2001.

Seuss, Dr (Theodore Geisel). *The Lorax.* New York: Random, 1972.

Shary, Timothy. *Generation Multiplex: The Image of Youth in Contemporary American Cinema.* Austin: U of Texas P, 2002.

Sheldon, Anne. "Snow White Turns 39." *The Poets' Grimm: 20th Century*

Poems from Grimm Fairy Tales. Ed. Jeanne-Marie Beaumont and Claudia Carlson. Ashland, OR: Story Line, 2003. 109.

Shusterman, Neal. *Unwind*. New York: Simon, 2007.

Smith, Andrew. *The Marbury Lens*. New York, Macmillan, 2010.

Spivak, Gayatri C. "Cosmopolitanisms and the Cosmopolitical." *Cosmopolitan Asia: Littoral Epistemologies of the Global South*. Ed. Sharmani Patricia Gabriel and Fernando Rosa. New York: Routledge, 2015. xiv-xxi.

Stephens, John. *Language and Ideology in Children's Fiction*. London: Longman, 1992.

Stewart, Susan L. "A New Holocaust: The Consumable Youth of Neal Shusterman's *Unwind*." *Contemporary Dystopian Fiction for Young Adults*. Ed. Carrie Hintz, Balaka Basu, and Katherine Broad. New York: Routledge, 2012. 159-74.

Stoker, Bram. *Dracula*. 1897. New York: Norton, 1997.

O'Sullivan, Emer. "Miss Zimmermann and Her Successors: German Versions of Alice in Wonderland." *Alice in a World of Wonderlands: The Translations of Lewis Carroll's Masterpiece 1*. Ed. Jon A. Lindseth and Alan Tannenbaum. New Castle, Delaware: Oak Knoll, 2015. 259-69.

——. *Comparative Children's Literature*. London: Routledge, 2005.

Sutherland, Robert D. *Language and Lewis Carroll*. Paris: Mouton, 1970.

Takami, Koushun. *Battle Royale: The Novel*. Trans. Yuji Oniki. San

Francisco: VIZ Media, 2003.

Teutsch, Barbara. "Variationen in Alice." *Lewis Carroll: Alice im Wunderland*. Trans. Barbara Teutsch. Illus. John Tenniel. Hamburg: Dressler, 1989. 139-42.

Tigges, Wim. "An Anatomy of Nonsense." *Explorations in the Field of Nonsense*. Ed. Wim Tigges. Amsterdam: Rodpoi, 1987. 23-46.

Toury, Gideon. *Descriptive Translation Studies – and Beyond*. Amsterdam, Netherlands: John Benjamins, 1995.

Townsend, John Rowe. *Written for Children: An Outline of English-language Children's Literature*. 3rd ed. Harmondsworth, UK: Kestrel, 1987.

Toy Story 3. Dir. Lee Unkrich. 2010. Videocassette. Pixar, 2010.

Trimmer, Sarah, Mrs. *The Guardian of Education*. Vol. 2. London: J. Hatchard, 1803.

Trollope, Anthony. *The Way We Live Now*. London: Chapman and Hall, 1875.

Vaclavik, Kiera. "The Fashions of Alice." *Alice in a World of Wonderlands: The Translations of Lewis Carroll's Masterpiece 1*. Ed. Jon A. Lindseth and Alan Tannenbaum. New Castle, Delaware: Oak Knoll, 2015. 723-25.

Vail, Rachel. *Piggy Bunny*. Illus. Jeremy Tankard. New York, Macmillan, 2012.

Venuti, Lawrence. *The Translator's Invisibility: A History of Translation*. 2nd ed. New York: Routledge, 2008.

———. *The Scandals of Translation*. New York: Routledge, 1998.

WALL・E. Dir. Andrew Stanton. 2008. Videocassette. Pixar, 2008.

Warner, Marina. *From the Beast to the Blonde*. London: Vintage, 1995.

Wenxuan, Cao. *Bronze and Sunflower*. Trans. Helen Wang. London: Walker Books, 2015.

Westerfeld, Scott. *Uglies*. New York: Simon, 2005.

Wheatley, Nadia and Andrew McLean. *Highway*. Norwood, SA: Omnibus Books, 1998.

White, E. B. *Charlotte's Web*. New York: Harper & Brothers, 1952.

Wicks, James. *Transnational Representations: The State of Taiwan Film in the 1960s and 1970s*. Hong Kong: U of Hong Kong P, 2015.

Wilde, Oscar. *The Picture of Dorian Gray*. London: Penguin, 1980.

Williams, Raymond. *Marxism and Literature*. Oxford: U of Oxford P, 1977.

Wilson, Steven Lloyd. "A Statistical Analysis of the Vampire Trend, Pre- and Post-*Twilight*." *Pajiba*. 9 July 2012 <http://www.pajiba.com/trade_news/a-statistical-analysis-of-the-vampire-trend-pre-and-posttwilight.php>.

Wimsatt, W. K. and Monroe C. Beardsley. "The Affective Fallacy." *Critical Theory since Plato*. 1971. Ed. Hazard Adams. Fort Worth, TX: Harcourt Brace Jovanovich, 1992. 952-59.

Wimsatt, W. K. and Monroe C. Beardsley. "The Intentional Fallacy."

Critical Theory since Plato. 1971. Ed. Hazard Adams. Fort Worth, TX: Harcourt Brace Jovanovich, 1992. 944-951.

Wohlmann, Anita. "Of Young/Old Queens and Giant Dwarfs: A Critical Reading of Age and Aging in Snow White and the Huntsman and Mirror Mirror." *Age Culture Humanities* 2 (2015): 29. *Age Culture Humanities: An Interdisciplinary Journal* 18 Jan. 2018 < http://ageculturehumanities.org/WP/of-youngold-queens-and-giant-dwarfs-a-critical-reading-of-age-and-aging-in-snow-white-and-the-huntsman-and-mirror-mirror>.

Woodward, Kathleen. "Against Wisdom: The Social Politics of Anger and Aging." *Cultural Critique* 51 (2002): 186-218.

——. "The Mirror Stage of Old Age." *Memory and Desire: Aging—Literature—Psychoanalysis*. Ed. Kathleen Woodward and Murray M. Schwartz. Bloomington: U of Indiana P, 1986. 97-113.

Wordsworth, William. *Poems in Two Volumes*. London: Longman, Hurst, Rees, and Orme, Paternoster-Row, 1807.

Yang, Gene Luen. *American Born Chinese*. New York: Macmillan, 2006.

Zipes, Jack. *Fairy Tales and the Art of Subversion: The Classical Genre for Children and the Process of Civilization*. New York: Methuen, 1983.

——. "Taking Political Stock: New Theoretical and Critical Approaches to Anglo-American Children's Literature in the 1980s." *The Lion and the Unicorn* 14 (1990): 7-22.

——. "Foreword: Utopia, Dystopia, and The Quest for Hope." *Utopian and Dystopian Writing for Children and Young Adults*. Ed. Carrie Hintz and Elaine Ostry. New York: Routledge, 2003. ix-xi.

吳玫瑛。《主體、性別、地方論述與（後）現代童年想像：戰後台灣少年小說專論》。台南：成大出版社，2017。

路易斯‧卡若爾（Lewis Carrol）。《阿麗思漫遊奇境記》。趙元任譯。台北：仙人掌，1970。

──。《愛麗絲夢遊奇境》。王安琪譯。台北：聯經，2015。

作者簡介 Contributors

*依本書篇章順序排列｜In the order of chapters

Kerry Mallan is Professor Emeritus at Queensland University of Technology, Australia. She has published extensively on literature for children and young adults, including: *Secrets, Lies and Children's Literature* (Palgrave, 2013), *Gender Dilemmas in Children's Fiction* (Palgrave, 2009); co-author of *New World Orders and Contemporary Children's Literature* (Palgrave, 2008); editor of *Picture Books and Beyond* (Primary English Teaching Association Australia, 2014); and co-editor of *(Re)Imagining the World: Children's Literature's Response to Changing Times* (Springer, 2013); and *Contemporary Children's Literature and Film: Engaging with Theory* (Palgrave, 2008). Since 2005, she has been a series editor for Palgrave Macmillan's "Critical Approaches to Children's Literature" list.

Clare Bradford holds a Personal Chair as Alfred Deakin Professor in the School of Communication and Creative Arts at Deakin University in Australia, where she works in the field of literary studies. She has published 13 books and over 80 essays and journal articles on children's and other literature. Her most recent book is *The Middle Ages in Children's Literature*

(Palgrave). From 2007-2011 she served as President of the International Research Society for Children's Literature. In this role she met scholars from all over the world undertaking research in children's literature. In 2009 the Trudeau Foundation (Canada) named her as its first Visiting International Fellow. In 2011 she was elected as a Fellow of the Australian Academy of Humanities.

Sharmani Patricia Gabriel is Professor of English at Universiti Malaya, Kuala Lumpur, Malaysia. Her areas of interest include diaspora studies, critical race studies, and postcolonial theory, with a focus on cultural identity formation and issues of representation and power. Her latest book publication is *Orientalism and Reverse Orientalism in Literature and Film: Beyond East and West* (Routledge, 2021) and most recent research article is "Racialisation in Malaysia: Multiracialism, Multiculturalism, and the Cultural Politics of the Possible" (*Journal of Southeast Asian Studies*, December 2021). Her other articles have appeared in journals such as *Ethnic and Racial Studies, Critical Asian Studies, Postcolonial Studies, Ethnicities,* and *Mosaic.*

Vanessa Joosen is Associate Professor of English literature and children's literature at the University of Antwerp in Belgium. She is the author of, amongst others, *Critical and Creative Perspectives on Fairy Tales* (Wayne State UP, 2011) and *Adulthood in Children's Literature* (Bloomsbury, 2018), and organizer of the Children's Literature Summer School in Antwerp.

David Rudd is former Professor of Children's Literature and Director of the NCRCL (National Centre for Research into Children's Literature) at the University of Roehampton, UK. He is currently Visiting Professor at the University of Bolton, where he first introduced Children's Literature courses in the 1990s. He has published over 100 articles and 3 monographs on children's literature - most recently, *Reading the Child in Children's Literature* (2013).

Roberta Seelinger Trites is Distinguished Professor of English at Illinois State University (U.S.A.), where she has taught since 1991. She is the author, among other works, of *Waking Sleeping Beauty: Feminist Voices in Children's Literature* (1997), *Disturbing the Universe: Power and Repression in Adolescent Literature* (2000), *Twain, Alcott, and the Birth of the Adolescent Reform Novel* (2007), *Literary Conceptualizations of Growth: Metaphors and Cognition in Adolescent Literature* (2014), and *Twenty-First-Century Feminisms in Children's and Adolescent Literature* (2018). In 2017, she was honored with the International Brothers Grimm Award, from the Kinrankai Foundation and the International Institute for Children's Literature.

Karen Coats is Professor of Education and Director of the Centre for Research in Children's Literature at the University of Cambridge, UK. Prior to her appointment there, she taught children's and young adult literature at Illinois State University for over twenty years. She publishes widely on the intersections between literary and cultural theory and youth literature, including *The Bloomsbury Introduction to Children's and Young Adult Literature* (2020).

Gillian Lathey is Honorary Senior Research Fellow at the University of Roehampton (UK), where before retirement she was Director of the National Centre for Research in Children's Literature. Publications include *The Role of Translators in Children's Literature: Invisible Storytellers* (Routledge, 2010); *Grimms' Tales around the Globe: The Dynamics of their International Reception* (co-edited with Vanessa Joosen, Wayne State University Press, 2014); *Cinderella across Cultures: New Directions and Interdisciplinary Perspectives* (co-edited with Martine Hennard Dutheil de la Rochère and Monika Wozniak, Wayne State University Press, 2016), and *Translating Children's Literature: Translation Practices Explained* (Routledge, 2016).

Emer O'Sullivan is Professor of English Literature at Leuphana Universität Lüneburg, Germany. She has published widely in German and English on image studies, children's literature and translation. *Kinderliterarische Komparatistik* won the IRSCL Award for outstanding research in 2001, and *Comparative Children's Literature* the ChLA 2007 Book Award. *Imagining Sameness and Difference in Children's Literature*, co-edited with Andrea Immel, was issued in 2017. She is currently updating and expanding her *Historical Dictionary of Children's Literature* (Scarecrow

Press).

Catherine Butler is Reader in English Literature at Cardiff University, UK. Her academic books include *Four British Fantasists* (Scarecrow/ ChLA, 2006), *Reading History in Children's Books* (with Hallie O'Donovan; Palgrave, 2012) and *Literary Studies Deconstructed* (2018). She has also co-edited several academic collections, including *Modern Children's Literature* (with Kimberley Reynolds, 2014) and essay collections on Roald Dahl and Philip Pullman. She is the author of six novels for children and teenagers, as well as some shorter works. Catherine is Editor-in-Chief of *Children's Literature in Education*.

譯者簡介 Translators

*按姓名筆畫順序

古佳艷 Carol Chia-Yen Ku

國立臺灣大學外文系比較文學博士，臺大外文系退休教師。曾開授課程包括：西洋文學概論、歐洲童話研究、文學翻譯等，並擔任跨校「童年論述經典研讀會」計畫主持人。

吳玫瑛 Andrea Mei-Ying Wu

國立成功大學臺灣文學系教授，現任台灣兒童文學研究學會理事長，曾任國際兒童文學研究學會（International Research Society for Children's Literature, IRSCL）理事及美國兒童文學學會（Children's Literature Association, ChLA）國際委員會（International Committee）及多樣化委員會（Diversity Committee）委員。專長領域為兒童文學、青少年文學、童年研究、跨國文學及跨文化研究。

黃惠玲 Jessie Hui-Ling Huang

國立雲林科技大學應用外語系副教授，研究領域為繪本、語言教學、多元文化與創意寫作。

陳聿寬 Bess Yu-Kuan Chen
現任東吳大學英文學系及國立臺北科技大學應用英文系兼任助理教授，教授文學及語言學習相關課程。研究專長與興趣為：弱勢族裔研究、英美兒童與青少年文學、視覺文化研究、動物與文學、及十九世紀起英美文學、文化及文學批評論述。

後記 Afterword

心中充滿無限感謝。

感謝學會前理事長孫克強教授及戴絲美教授，在學會草創之初，每年春秋兩季活動的規劃和舉辦，竭力邀請國際知名和資深學者來台演講，並悉心處理這本專書文稿翻譯授權事宜。這本專書除了點滴記錄學會歷年來的講座內容，也一舉呈現二十一世紀近十年來國際兒童文學研究的重點方向。

感謝這群國際兒童文學學者對這本專書的支持，慨然無償授權本會翻譯講稿，無私地為台灣兒童文學學術研究貢獻心力。在此，我們要對本書各章原作者Kerry Mallan, Clare Bradford, Sharmani Patricia Gabriel, Vanessa Joosen, David Rudd, Roberta Seelinger Trites, Karen Coats, Gillian Lathey, Emer O'Sullivan, Catherine Butler (in the order of book chapters) 致上最大的敬意與謝意。

劉鳳芯教授和楊麗中教授熱心促成本書，古佳艷教授負責本書大多數文稿的翻譯，譯筆流暢，實為典範。黃惠玲教授和陳聿寬教授慷慨伸援，加入翻譯工作，認真負責，令人感佩。

感謝葉宏明醫師提供編輯及修改建議，感謝成大出版社吳儀

君編輯熱心協助出版，成大臺文所林貝柔同學悉心協助編輯事務，不憚其煩地反覆細心校稿，使本書的譯稿及編排更臻完美，十分感謝。

兩位匿名審查委員悉心閱讀譯稿，並提出實用而中肯的建議，惠我良多，特此致謝。

謝謝大家齊心戮力，這本專書終能問世。

台灣兒童文學研究學會理事長　吳玫瑛

2021年12月

索引 Index

本書經成大出版社出版委員會審查通過

跨界‧成長‧間／介：當代兒童文學研究思潮
Border-crossings, Coming-of-age, and In-between:
Contemporary Trends in Children's Literature Research

主　　編｜吳玫瑛、古佳艷
譯　　者｜古佳艷、吳玫瑛、黃惠玲、陳聿寬

發 行 人　蘇芳慶
發 行 所　財團法人成大研究發展基金會
出 版 者　成大出版社
總 編 輯　游素玲
執行編輯　吳儀君
地　　址　70101台南市東區大學路1號
電　　話　886-6-2082330
傳　　真　886-6-2089303
網　　址　http://ccmc.web2.ncku.edu.tw

出　　版　成大出版社
地　　址　70101台南市東區大學路1號
電　　話　886-6-2082330
傳　　真　886-6-2089303

封面設計　吳芃欣
排　　版　菩薩蠻數位文化有限公司
印　　製　秋雨創新股份有限公司
初版一刷　2021年4月
定　　價　460元
I S B N　9789865635671

國家圖書館出版品預行編目（CIP）資料

跨界‧成長‧間/介：當代兒童文學研究思潮 = Border-crossings, coming-of-age, and in-between : contemporary trends in children's literature research / 吳玫瑛, 古佳艷主編；古佳艷, 吳玫瑛, 黃惠玲, 陳聿寬譯. -- 初版. -- 臺南市：成大出版社出版：財團法人成大研究發展基金會發行, 2022.04
面；　公分
ISBN 978-986-5635-67-1（精裝）

1.CST: 兒童文學 2.CST: 文學評論 3.CST: 文集

815.9207　　　　　　　　　　　　　　　　　111004770